Karl-Ernst Jipp

NESSIE – das Rätsel von Loch Ness

Inchnacardoch Lodge Hotel

Karl-Ernst Jipp

NESSIE - das Rätsel von Loch Ness

Bertelsen-Verlag · Stuttgart

Mit Rat und Tat bin ich beim Schreiben dieses Buches unterstützt worden. Dafür bedanke ich mich bei Peter Bauer, London; Stadtarchivamtsrätin Herta Beutter, Schwäbisch Hall; Dr. Markus Bleistein, Stuttgart; Dr. Silvia Busch von der Gathen, Stuttgart; Thomas Cronenberg, Hamburg; Rosemarie Decker, Stuttgart; Norbert Försterling, Stuttgart; Christian Fürst, London/Tel Aviv; Kultur- und Informationsamtsleiterin Christa Glück, Schwäbisch Hall; „kosmos"-Chefredakteur Dr. Rainer Köthe, Stuttgart; Ursula Kuntz, Stuttgart; Thomas Lanig, London; dpa-Archivleiter Albrecht Nürnberger, Hamburg; Peter Mühlfeit, Freiburg; Jahre-Line-Informationschef Levar Sand, Oslo; Norbert Schoch, Verband Deutscher Hypothekenbanken, Bonn; Stadtbibliothekar Dr. René Specht, Schaffhausen; Verlegerin Jutta Westphal, Stuttgart; Verleger Xing-Hu Kuo, Stuttgart.

CIP-Titelaufnahme der Deutschen Bibliothek
Jipp, Karl-Ernst:
Nessie — das Rätsel von Loch Ness/
Karl-Ernst Jipp — Stuttgart: Bertelsen, 1989

Th.-Veiel-Str. 74, Tel. (0711) 52 69 78
Gesamtherstellung E. Kurz & Co., Stuttgart
ISBN 3-927763-00-4

Inhalt

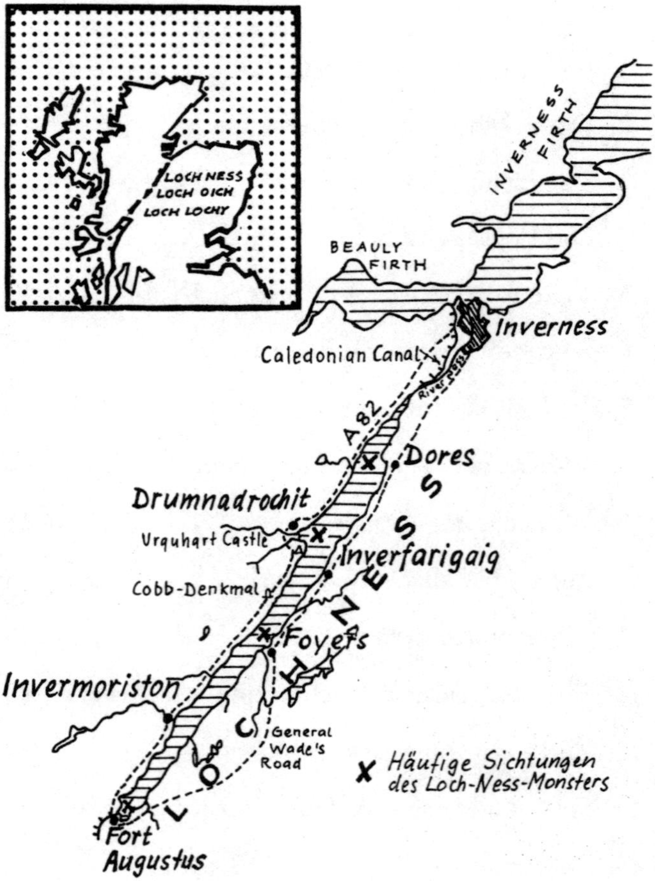

Abbildung 1: Loch Ness und Umgebung

1. Irgend etwas muß da sein ...

„Es war vor sechs Monaten, an einem jener typischen Schwarz-Weiß-Tage im April. Ich schaute von hier, vom Erdgeschoß meines Hotels, zum See und sah dort etwas herauskommen." Louis Thacker hob seine rechte Hand und krümmte leicht den kleinen Finger. „So etwa", zeigte er.

„Nur einige Minuten, dann war die Erscheinung wieder verschwunden", erzählte bedächtig der Schotte." Wenig später kam eine Dame, die ein Zimmer im dritten Stock hatte, und berichtete, sie habe soeben im See etwas Seltsames gesehen. Und denken Sie, Ihre Beschreibung war mit meiner Beobachtung völlig identisch! Doch ich habe nichts daraus gemacht", winkte Mr. Thacker ab. „Ich wollte keinen Wirbel." Versonnen meinte er nach einer Pause: „Aber irgend etwas muß da sein ..."

Nun verfüge ich als Journalist über eine gesunde Portion an Skepsis, Neugier und Realitätssinn. Aber die Worte von Louis Thacker beeindruckten mich. Wie er da im Gastraum des Hotels vor mir stand, ein Schotte mittleren Alters, von stattlichem Wuchs, von unaufdringlicher Freundlichkeit, wirkte er sehr seriös, so daß ich ihm seine Erzählung durchaus abnahm.

Schon beim Gespräch über einen guten Whisky hatte ich ihn als einen Mann mit festen Wertmaßstäben kennengelernt. In seiner Bar konnte man unter mehreren Dutzend verschiedener Sorten wählen. Zu den mir geläufigen Marken wie Dimple und White Horse, Ballantines und Chivas Regal war sein einziger mißbilligender Kommentar: „Blended". Von den Verschnitten hielt er also nichts. Erst als ich „Glenfiddich" nannte, sagte er anerkennend, in höherer Tonlage: „Unblended". Und nach einigen Probegläschen verriet

er mir sogar seine Lieblingssorte: „The Balvenie", ein echter „Single Malt".
Sein „Inchnacardoch Lodge Hotel", durch das Äußere als einstiger Herrensitz ausgewiesen, wurde zur Jahrhundertwende von Lord Lovat of Lovat an einem Westhang vom Loch Ness, vor den Toren von Fort Augustus, erbaut. Ein Teil des Sees ist von dort gut zu überblicken. Unmittelbar hinter dem Hotel beginnt der Inchnacardoch Forest, so daß den Gästen außer Angeln und Segeln auch ausgedehnte Waldwanderungen angeboten werden.
Die Lage dieses Hauses war es auch, die meine Wahl bestimmte, als ich an einem sonnigen Herbsttag 1987 am Loch Ness eintraf. Wieder einmal stand eine große Suche nach dem Monster bevor, ein Ereignis, das nicht nur Journalisten, sondern auch viele Touristen mobilisiert hatte. Wohl wissend, daß die meisten Flüge nach Inverness ausgebucht sein würden, war ich über London-Heathrow nach Edinburgh geflogen und hatte mir einen kleinen, wendigen Ford Fiesta gemietet. Allerdings fiel mir die Umstellung von Rechts- auf Linksverkehr schwerer, als ich dachte.
In Drumnadrochit, dem Treffpunkt für Suchmannschaft und Presse, war, wie nicht anders zu erwarten, kein Bett mehr frei. So fuhr ich mit dem Ford auf der A 82 in südlicher Richtung am See entlang und stieß auf das von Wald eingerahmte Hotel. In schottischem Stil eingerichtet, mit vorzüglicher Küche ausgestattet, strahlte es eine Atmosphäre der Behaglichkeit aus.
Das Abenteuer konnte beginnen. Würde es der kleinen Motorboot-Armada gelingen, mit den neuesten Errungenschaften der Technik die seit Jahrzehnten gestellten Fragen nach dem seltsamen Ungeheuer zu beantworten, das Rätsel von Loch Ness zu lösen?

2. *Durch Jahrhunderte überliefert*

Schottland mit seinen meerumbrandeten Küsten und Inseln, mit seinen tiefen Seen im Innern, ist wie geschaffen als Heimat von Fabelwesen. In den Mythen vieler Völker ist von Drachen, Lindwürmern, Riesen und Ogern[1] die Rede, die schottischen Überlieferungen zeichnen sich aber durch einen besonderen Reichtum an solchen Gestalten aus. Wenn man sich vorstellt, wie vom Sturm gepeitschte Wellen, wie dichte Regenvorhänge zwischen Forst und Gebirge, wie wabernde Nebel über den Lochs und auf den Mooren auf abergläubische Gemüter gewirkt haben, verwundert dies nicht.

So künden in den Highlands Märchen und Sagen nicht nur von Zwergen, Feen, Teufeln und Hexen, sondern auch von Wassergeistern. Nach Überzeugung der Pikten und Skoten, wie deren Nachkommen, waren Flüsse und Lochs, Fjorde und Meeresbuchten vielfach von Wasserstieren und Wasserpferden, auch Kelpies genannt, bewohnt. Wasserstiere galten als gutartig. Sie hausten in kleinen Seen, die sie nur nachts verließen, und taten niemandem etwas zuleide. Die finsteren Kelpies aber standen mit dem Satan im Bunde und wollten den Menschen nur Böses.

Die Wasserpferde, so hieß es, hielten sich in Lochs und Flüssen auf, an denen Straßen und Wege vorbeiführten. Mit Täuschungen und Tricks lockten sie Reisende oder nichtsahnende Einheimische ins Verderben. Ein Kelpie, so geht aus einer Sage hervor, weidete scheinbar ganz friedlich am Ufer. Setzte sich aber ein Mensch auf seinen Rücken, preschte es in wildem Galopp zum Loch, sprang hinein und zog

Abbildung 2: Die Meerschlange wurde in alten Büchern als riesiges Untier dargestellt, das Schiffe überfiel. (Entnommen dem „Fischbuch" von Christoffel Froschower, Zürich 1575).

den Reiter hinunter in die Tiefe. Andere Kelpies konnten sich verwandeln, beispielsweise in einen hübschen jungen Mann, der das erste junge Mädchen, das ihm begegnete, zu umgarnen und ins Unglück zu führen versuchte. Allerdings war ein Kelpie, so sehr es sein Äußeres auch verändert hatte, daran zu erkennen, daß seine Haare stets naß blieben. Ein Mensch, der das rechtzeitig erkannte, konnte sich retten.

Auch im Loch Ness, so ist überliefert, gab es ein großes schwarzes Wasserpferd. Es war ungewöhnlich kräftig und konnte eine andere Gestalt annehmen. Zuweilen soll es frommen Männern geholfen, einmal aber auch einen Mönch mit sich genommen haben.

Von Fabeltieren zu den riesenhaften Seeschlangen ist es nur ein kleiner Schritt. Jahrhundertelang berichteten Seeleute von jenen Meeresungeheuern. Der Bischof von Bergen, Erik Pontoppidan (1698 bis 1764), widmete in seiner 1752/53 gedruckten „Naturgeschichte Norwegens" dem Großen Meerwurm ein Kapitel mit 26 Seiten. Danach wurde er fast 200 Meter

lang, bewegte sich vertikal schlängelnd vorwärts, hatte einen spitzen Schnabel oder ein viereckiges Maul und konnte sich bis über die Masten der Schiffe aufrichten.
Vor Pontoppidan hatte bereits der schwedische Erzbischof Olaus Magnus in seiner 1555 herausgegebenen „Geschichte der nordischen Völker" vor Seeschlangen gewarnt, weil sie Schiffe angreifen und Menschen fressen würden.
Dem „Fischbuch", gedruckt zu Zürich im Jahre 1575 von Christoffel Froschower, ist zu entnehmen, daß vor Norwegen bei ruhiger See Meer- oder Wallschlangen, „300 Schuch lang", beobachtet wurden. Diese seien „den Schiffsleuten seer verhaßt" gewesen, weil sie manchmal Menschen raubten und Schiffe zugrunde richteten. Diese Seeschlangen könnten sich derart über das Meer krümmen, daß „zu zeyten ein Schiff darunter hin faren mag."
Auch in der Ostsee sind nach Froschowers Buch, von dem eine Ausgabe im Stadtarchiv Schwäbisch Hall[2] aufbewahrt wird, Seeschlangen vorgekommen. Sie waren von gelber Farbe und erreichten eine Länge von 30 bis 40 Fuß. Im Gegensatz zu den Ungeheuern der Nordsee und des Nordmeeres seien sie keineswegs gegenüber Menschen angriffslustig, es sei denn, sie würden zuvor „in Zorn gereitzt".
Angesichts dieses Hintergrundes überrascht es nicht, wenn wir hören, daß unter den Bewohnern der Highlands seit altersher Erzählungen umlaufen, im Loch Ness und im Loch Morar lebten Abkömmlinge jener gewaltigen Meerschlangen. Immer wieder meldeten sich Augenzeugen. Die geographischen Gegebenheiten sprachen nicht einmal unbedingt gegen das Vorhandensein solcher Wesen, denn beide Seen sind sehr tief und liegen in der Nähe des Meeres. Das

Loch Ness ist über den River Ness mit der Nordsee verbunden, das Loch Morar nur durch einen schmalen Landstreifen vom Atlantik getrennt.
Die Beschreibungen der Meeresfauna aus dem Mittelalter haben sich als eine Mischung aus Wirklichkeit und Einbildung herausgestellt, insbesondere wenn wir in Froschowers Buch von Meerpferden, Rhinozeroswalen, Meermenschen und Menschfischen lesen. Doch vieles erwies sich als durchaus zutreffend, nehmen wir nur Seelöwen, Riesenkraken und Wale. Und selbst Seeschlangen existieren tatsächlich: Sie bewohnen die tropischen Meere, vor allem den Indischen und Pazifischen Ozean, bevorzugen die küstennahen Gewässer und ernähren sich von Fischen. Seeschlangen schwimmen oft stundenlang an der Wasseroberfläche, ihr Schwanz ist als Ruder seitlich zusammengedrückt und dient ihnen als Antrieb. Obwohl sie keine Kiemen besitzen, können sie unterschiedlich lange tauchen, zwischen zehn und 30 Minuten, einige Arten sogar bis zu acht Stunden. Dies wird unter anderem durch eine ungewöhnlich lange Lunge ermöglicht. Seeschlangen sind überaus giftig, ihr Biß ist gefürchtet, dennoch stellen ihnen Fischer nach, weil die Seeschlangenhaut wegen ihrer schönen Färbung für die Herstellung von Lederwaren gefragt ist. Nur: diese Seeschlangen werden höchstens zwei Meter lang.[3]
Wie auch immer – ganz so einfach ist die Frage, was es mit den Erscheinungen, speziell im Loch Ness, auf sich haben mag, nicht zu beantworten. Die Leute, die da mit eigenen Augen ein großes Lebewesen oder zumindest Anzeichen davon gesehen haben wollen, sind ehrlich von dessen Realität überzeugt. Und die erste schriftliche Erwähnung eines Untiers in jener Gegend, annähernd 1300 Jahre alt, jedoch ebenso dramatisch wie detailgetreu, bestärkt sie in ihrer Ansicht.

3. Der Heilige und das Ungeheuer

Der erste Bericht über das Loch-Ness-Ungeheuer führt uns ins 6. Jahrhundert zurück. Der Missionar Columba reiste 565 durch das Great Glen in Richtung Inverness und traf, als er mit seinem Gefolge über den River Ness setzen wollte, auf das Monstrum.

Columba hatte seine Heimat Irland um 560 verlassen und auf der Insel Iona an der Westküste Schottlands ein Kloster gegründet, dessen erster Abt er wurde. Von dort aus bekehrte er den heidnischen Stamm der Pikten zum Christentum.

Mehr als ein Jahrhundert später schrieb Adamnan, ebenfalls Abt von Iona, nieder, wie die dramatische Begegnung des St. Columba mit dem Monster verlief. In der Biographie „Das Leben des Heiligen Columba" findet sich die Schilderung auf Blatt 74 und 75.

Die kostbare Handschrift, in der dies nachzulesen ist, die älteste Abschrift des verschollenen Originals, wird in der Stadtbibliothek von Schaffhausen aufbewahrt. Wie sie dorthin gekommen ist, ist nicht bekannt. Vielleicht hat ein Mönch, der vor den räuberischen Normannen von den britischen Inseln aufs europäische Festland floh, sie mitgebracht. Lange Zeit jedenfalls, bis ins 17. Jahrhundert, so weiß Schaffhausens Stadtbibliothekar Dr. René Specht[4], ist sie unter den Beständen des Klosters Reichenau nachgewiesen. Vermutlich ist das Buch Mitte des 18. Jahrhunderts, als das Inselkloster aufgehoben wurde, nach Schaffhausen verkauft worden.

Die Handschrift ist gut erhalten. Ungeachtet des hohen Alters ist die Schrift, eine altenglische Unziale, auf dem widerstandsfähigen Pergament nicht verblaßt. Der lateinische Text über das Ness-Untier lautet:

„De cujusdam aquatilis bestiae virtute orationis beati viri repulsione. .

ALIO QUOQUE IN TEMPORE, cum vir beatus in Pictorum provincia per aliquot moraretur dies, necesse habuit fluium transire Nesam. Ad cujus cum accessisset ripam alios ex acculís aspicit misellum humantes homunculum, quem ut ipsi sepultores ferebant quaedam paulo ante nantem aquatilis praeripiens bestia mursu momordit sevissimo. Cujus miserum cadaver sero licet quidam in alno subvenientes porrectís praeripuere uncinís. Vir econtra beatus haec audiens praecipit ut aliquis ex comitibus enatans caupallum in altera stantem ripa ad se navigando reducat. Quo sancti audito praedicabilis viri praecepto, Lugneus mocu-Min nihil moratus obsecundans, depositís excepta vestimentís tunica, inmittit sé in aquas. Sed bilua, quae prius non tam satiata quam in praedam accensa, in profundo fluminis lalitabat. Sentiens eo nante turbatam supra aquam, subito emergens natatilis ad hominem in medio natantem alveo cum ingenti fremitu aperto cucurrit ore. Vir tum beatus videns, omnibus qui inerant tam barbarís quam etiam fratribus nimio terrore perculsís, cum salutare sancta elevata manu in vacuo aere crucis pincxisset signum invocato dei nomine feroci imperavit bestiae, dicens: 'Noles ultra progredi, nec hominem tangas. Retro citius revertere'. Tum vero bestia hac sancti audita voce retrorsum acsi funibus retraheretur velociore recursu fugit tremefacta, quae prius Lugneo nanti eo usque appropinquavit ut hominem inter et bestiam non amplius esset quam unius contuli longitudo. Fratres tum recessise videntes bestiam, Lugneumque commilitonem ad eos intactum et incolomem in navicula reversum, cum ungenti ammiratione glorificaverunt deum in beato viro. Sed et gentiles barbari qui ad praesens inerant ejusdem miraculi magnitudine quod et ipsi viderant conpulsi deum magnificarunt christianorum."

Abbildung 3: In der Stadtbibliothek von Schaffhausen wird die Biographie „Das Leben des Heiligen Columba" aufbewahrt. Stadtbibliothekar Dr. René Specht zeigt die Stelle der kostbaren Handschrift, wo das Zusammentreffen des St. Columba mit einem schrecklichen Ungeheuer am River Ness im Jahre 565 geschildert wird.

Hier der Versuch einer möglichst originalgetreuen Übersetzung:

„Vom Verscheuchen eines gewissen Wasserungeheuers durch die Kraft des Gebetes des heiligen Mannes.

Zu der Zeit, als der heilige Mann — gemeint ist Columba — wieder für einige Tage in der Provinz der Pikten weilte, mußte er den Fluß Ness überqueren. Als er an dessen Ufer kam, sah er, wie einige Einwohner einen unglückseligen Burschen begruben, der, wie die Leichenbestatter berichteten, kurz zuvor beim Schwimmen von einem Wasserungeheuer angegriffen und fürchterlich zerbissen worden war. Mehrere Männer waren ihm mit einem Boot zu Hilfe geeilt, leider zu spät, und konnten nur noch den schwer verletzten Körper mit Haken bergen.

Der Heilige indessen, als er dies hörte, forderte einen seiner Begleiter auf, er solle über den Fluß schwimmen und ihm ein Boot von der anderen Seite des Flusses herübersegeln. Ohne Verzug dem Heiligen gehorchend, legte Lugne mocu-Min seine Kleider bis auf sein Unterzeug ab und sprang ins Wasser. Das Ungeheuer, das nicht so gesättigt war, um auf weitere Beute zu verzichten, lauerte am Grunde des Flusses. Als es aber im Wasser über sich Bewegung spürte, tauchte es plötzlich auf und schoß mit großem Getöse und weit aufgerissenem Rachen auf den in der Mitte des Flusses angelangten Mann zu.

Während alle, die dort waren, Glaubensbrüder wie Heiden, von größter Angst gepackt wurden, hob der Heilige seine gesegnete Hand, machte das Zeichen des Kreuzes in der Luft, rief den Namen Gottes an und gebot dem grimmigen Ungeheuer Einhalt, indem er rief: „Komm nicht näher und berühr nicht den Mann! Kehr sofort um!“

Dann, den Befehl des Heiligen hörend, wandte sich die erschrockene Bestie, wie von Seilen gezogen, zu schneller Flucht, obwohl sie dem schwimmenden Lugne so nahe gekommen war, daß zwischen ihr und dem Mann nicht mehr als der Abstand einer kurzen Stange war. Als die Glaubensbrüder erstaunt sahen, daß das Untier geflohen war und ihr Gefährte Lugne im Boot wieder sicher und wohlbehalten zu ihnen gelangte, priesen sie Gott in dem Heiligen. Auch die barbarischen Heiden rühmten den Gott der Christen,

überwältigt von der Größe des selbst erlebten Wunders."
Columba (521 — 597) entfaltete von dem Kloster auf Iona, das er mit zwölf Gefährten errichtet hatte, eine emsige Tätigkeit, um das Christentum zu verbreiten. Im Verlaufe seiner Missionszüge durch die Highlands dürfte er mehrfach am Loch Ness vorbeigekommen sein, doch gibt es keine Aufzeichnung über ein nochmaliges Zusammentreffen mit der Bestie.
Viele Jahrhunderte hindurch blieb es still um das Wasserungeheuer. Nach einer alten Chronik soll im 16. Jahrhundert ein Untier „von schrecklichen Ausmaßen" aus dem See gestiegen sein, mit seinem gewaltigen Schwanz alte Eichen geknickt und drei Männer erschlagen haben.[5]
In der Zeit Oliver Cromwells (1599 — 1658) könnte man vage Hinweise als Indiz für ein Monster interpretieren. Cromwell hatte als Haupt der Independenten ein Reiterheer, die Ironsides, geschaffen und damit im englischen Bürgerkrieg schließlich 1644/45 die Anhänger des Stuartkönigs Karl I. besiegt. Von Soldaten des späteren Lord-Protektors Cromwell[6] hieß es in Schilderungen ihrer Abenteuer, sie hätten „schwimmende Inseln" gesehen. Früher benutzten Seeleute diesen Ausdruck für Walfische, doch ob damit auch ein Monster gemeint sein könnte, ist fraglich.
Im frühen 18. Jahrhundert, als am Ostufer des Loch Ness unter dem Kommando von General Wade eine schmale Straße gebaut wurde, erzählten die Arbeiter von seltsamen Erscheinungen im See. Auch aus den Jahren 1872, 1903 und häufiger seit 1923 wurden Berichte über das „Etwas" im Loch Ness bekannt.[7]

4. Die Presse wird aufmerksam

Obwohl unter den Einheimischen schon immer über ein rätselhaftes Geschöpf im Loch Ness geredet worden war, bemächtigten sich die Massenmedien erst verhältnismäßig spät dieses Themas. Das erklärt sich daraus, daß diese Region Schottlands lange Zeit für den Verkehr kaum erschlossen war. Das Loch Ness gehört mit dem Loch Oich und dem Loch Lochy zu dem Seensystem in der von Inverness im Nordosten nach Fort William im Südwesten verlaufenden Erdfalte (Great Glen), die das nördliche vom südlichen Schottland trennt. Die drei Lochs sind untereinander und mit dem Meer durch Flüsse verbunden. Diesen Wasserweg von Küste zu Küste, der die Fahrt um die Nordspitze der britischen Inseln erspart, hat die Schiffahrt frühzeitig genutzt. Bereits 1822 wurde nach 19jähriger Bauzeit der von dem Schotten Thomas Telford entworfene Caledonian Canal[8] fertiggestellt, der auch größeren Schiffen die Passage ermöglicht. Aber Seeleute wie Fischer machten, wenn sie Ungewöhnliches in einem der Lochs bemerkten, wenig Aufhebens davon.

Die Leute, die am Loch Ness wohnten, sahen in den Erscheinungen, von denen seit eh und je gemunkelt wurde, nichts Sensationelles. Reisende kamen selten vorbei. Am Ostufer des 37 Kilometer langen und 1,5 Kilometer breiten Loch Ness führte nur die schmale Straße entlang, die General Wade hatte bauen lassen und deshalb „General Wade's Military Road" heißt. Nur am Mittelteil des Sees nähert sie sich dem Ufer, Bäume und Sträucher behindern aber häufig die Sicht.

Am westlichen Ufer wand sich ein Weg von Fort Augustus nach Inverness. Wer von seinem Dorf in die Stadt wollte, war arm dran, wenn er kein Pferd zur

Verfügung hatte, denn zu Fuß dauerte es mehrere Tage, die beschwerliche Strecke zurückzulegen. So verspürten die Leute vom Loch Ness kein Verlangen, sich nach Inverness zu begeben, nur weil sie das Seeungeheuer zu Gesicht bekommen hatten.
Die Verhältnisse änderten sich jedoch, als 1933 mit dem Bau einer Autostraße am Westufer des Loch Ness begonnen wurde. Die Trasse der A 82 wurde in das felsige Ufergelände gesprengt. Jetzt war der Weg frei, das Automobil hielt in dem abseits gelegenen Landstrich im Herzen Schottlands seinen Einzug.
In dieser Zeit nahm die Presse erstmals Notiz von dem eigenartigen Loch-Ness-Bewohner. Am 2. Mai 1933 erschien im „Inverness Courier" eine Meldung unter der Überschrift „Strange Spectacle on Loch Ness" (Seltsames Schauspiel auf dem Loch Ness). Alex Campbell aus Fort Augustus, freier Mitarbeiter und von Beruf Fischereiwart, hatte den Beitrag hereingegeben und berichtete, was er am 14. April 1933 von den Eheleuten John MacKay aus Drumnadrochit gehört hatte.
An einem sonnigen Nachmittag, Ende März 1933, waren der Gastwirt Mr. MacKay und seine Frau mit ihrem Pkw auf der A 82 gefahren.[9] Mrs. MacKay schaute über den See, das Wasser war völlig ruhig und die Wolken spiegelten sich darin. Gegenüber von Aldourie Pier, also im Nordteil des Loch Ness, sah sie eine heftige Bewegung im Wasser. Zunächst dachte sie, es seien sich balgende Wasservögel. Aber da die Stelle nur knapp 100 Meter entfernt war, erkannte sie, daß es etwas Größeres sein mußte. Etwas Großes, das sich unter der Wasseroberfläche bewegte, verursachte eine deutlich wahrnehmbare Welle, es entfernte sich vom Ufer und in einer Distanz von etwa 300 Metern tauchten zwei große schwarze Buckel auf, die sich in

Das Loch Ness in Daten und Fakten

Das Loch Ness ist der nördlichste von drei Seen in dem quer durch Schottland verlaufenden Graben des Great Glen (gälisch Glen More). Der See ist 38 Kilometer lang und 1,5 Kilometer breit, nur im Nordteil, an der Urquhart Bay, erreicht er eine Breite von drei Kilometer. Die Wasserfläche umfaßt 55 Quadratkilometer.

Die Ufer fallen steil ab. Die durchschnittliche Tiefe beträgt 152 Meter. Die tiefste Stelle wird mit 229 Meter angegeben, es heißt aber auch, die größte gemessene Tiefe liege bei 325 Meter. Auf einer Karte von Johnston & Bacon aus dem Jahre 1977 sind Tiefenzonen im Loch Ness eingezeichnet. Danach befindet sich eine langgezogene tiefe Rinne von 213 Meter in Höhe von Urquhart Bay und eine schmale tiefe Stelle von ebenfalls 213 Meter im Südteil des Sees gegenüber von Alltsigh. Die teilweise wesentlich größeren Tiefenangaben in Presseberichten sind wohl darauf zurückzuführen, daß die Maßeinheiten Fuß und Meter verwechselt wurden.

Das Loch Ness gilt vom Volumen her als größtes Süßwasserreservoir Großbritanniens. Der Wasserspiegel des aus vielen Flüssen und höhergelegenen Lochs gespeisten Sees liegt mindestens 15 Meter über dem des Meeres, mit dem er durch den River Ness und den Caledonian Canal verbunden ist. Das Wasser des Sees ist mit Torfpartikeln durchsetzt, so daß es schwarzbraun gefärbt ist und mit Tee verglichen wird. Taucher sagen, wenn man sich im Loch Ness unter Wasser aufhalte und die Hand ausstrecke, könne man diese kaum erkennen. Die Wassertemperatur hält sich in wenigen Metern Tiefe das ganze Jahr hindurch bei sechs bis sieben Grad Celsius.

einer Linie vertikal schlängelnd bewegten und ein Gesamtausmaß von etwa sechs Metern hatten. Die Kreatur, so Mrs. MacKay, nahm Richtung auf Aldourie Pier, wandte sich nach links, beschrieb einen Halbkreis und tauchte schließlich unter. Mr. MacKay, der am Steuer saß, hielt wegen der Ausrufe seiner Frau den Wagen an, sah aber nur noch die letzten Wasserwirbel und die Wellen, die von der Erscheinung zeugten.

Als Dr. Evan Barron, der Verleger des „Inverness Courier“, die Meldung las, meinte er: „Also, wenn es so groß ist, wie Campbell schreibt, können wir es nicht eine Kreatur nennen. Es muß ein wahres Monster sein.“ Auf diese Weise wurde der 2. Mai 1933 zum eigentlichen Geburtstag des „Monsters von Loch Ness“. Fortan verwendete man nur noch diesen Begriff, wenn es um das seltsame Wesen ging. Und das unidentifizierte Schwimmtier tummelte sich sehr ausgiebig in den Spalten der Presse. Die Redakteure erkannten nämlich schnell, daß dieser Stoff gut geeignet war, die Phantasie der Leser anzuregen.

Das Monster machte eine steile Karriere. Sobald der „Inverness Courier“ etwas darüber gedruckt hatte, griffen andere Lokalblätter das Thema auf. Auch die Londoner Zeitungen wurden aufmerksam. Die Nachrichtenagenturen waren nicht müßig: Die Kunde vom Loch-Ness-Ungeheuer ging rund um die Welt.

5. Viele Augenzeugen – wenig Klarheit

Sobald sich das öffentliche Echo einstellte, waren die Einwohner rund um das Loch Ness geneigter, mit Zeitungsleuten über ihre Wahrnehmungen zu sprechen. Neugierige Fremde, die vermeintlich etwas Seltsames im See gesehen hatten, nahmen sowieso ohne Hemmungen mit der Presse Verbindung auf und genossen ihre Publicity. So wurden im Jahre 1933 Berichte von etwa 80 Augenzeugen[10] bekannt.

In den Grundfakten ähnelten sich die Aussagen. Im Loch Ness wurden auffällige Wasserbewegungen beobachtet, oft auch Buckel und ein Kopf mit langem Hals, die sich an der Oberfläche zeigten. Eindrucksvoll war die Schilderung der Crew vom Schlepper „Scott II", der am 20. Oktober 1933 mit dem Frachtkahn „Muriel" am Haken durch das Loch Ness dampfte. Am hellen Tage bemerkte der Maschinist R. McConnell an der Seite eine Welle, als schwimme dort etwas Großes im Wasser. Er rief seinen Maat herbei, und beide sahen staunend den etwa 2,50 Meter langen Rücken eines Wassertieres hochkommen. Als die beiden den Männern auf der „Muriel" zuriefen, ließ sich das Tier sinken, um nach 200 bis 300 Yards achtern wieder aufzutauchen. Auch der Skipper und ein weiterer Mann der „Scott" wurden dies gewahr.

Im November 1933 begegnete das Monster Hugh Gray, einem bei Foyers wohnenden Monteur[11], am Ostufer vor Foyers. Gray gab zu Protokoll, das Seetier habe einen zwölf Meter langen Rücken mit kräftigem Schwanz gehabt, mit dem es das Wasser zu Schaum geschlagen habe. Da Gray eine Fotobox zur Hand hatte, machte er eine Aufnahme, offenbar die erste vom Monster überhaupt; doch waren darauf nur Wasserkaskaden erkennbar.

Alex Campbell, der Lokalreporter des „Inverness Courier“ aus Fort Augustus, der mit seinem Beitrag alles ins Rollen gebracht hatte, sammelte in den 30er bis 50er Jahren die Namen von 80 Leuten, die das Monster mit eigenen Augen gesehen hatten. Campbell selbst will es 18 Mal gesehen haben. Nach seinen Worten besitzt es einen schwanenartigen Hals, den es fast zwei Meter hoch aus dem Wasser strecken kann, und einen mindestens neun Meter langen Körper von dunkelgrauer Farbe.

Von den üblichen Sichtungen wich eine ab, über die am 14. Juli 1937 ein Bericht im Scottish Daily Express erschien:

Drei Monster im Loch Ness gesichtet

Das Auftauchen von drei Monstern wurde gestern dem Scottish Daily Express in Inverness gemeldet. Die Monster wurden von acht Personen gesehen: von Herrn und Frau A. Stevenson aus Brackla, ihren zwei Töchtern und vier Feriengästen, nämlich Frau Gourlay, Herr R. R. Gourlay jun. und Frau, alle aus Irland, und Frau S. J. Stevenson aus Bristol. Die Gesellschaft war gestern beim Frühstück, als bei offenem Fenster etwas im Loch die Aufmerksamkeit von Mrs. Gourlay jun. erregte. Alle rannten zur Tür, von wo aus sie das sahen, was drei Monster in etwa 300 Yards Entfernung im Loch zu sein schienen. In der Mitte waren zwei schwarze Buckel, fünf Fuß lang und zwei Fuß aus dem Wasser ragend, und an jeder Seite war ein kleines Monster, von denen eins großen Lärm machte, als es zum gegenüberliegenden Ufer entschwand. Das große Monster und das andere kleine bewegten sich dann in Richtung auf Urquhart Castle. Die Gesellschaft berichtete, daß die Oberfläche vom Loch noch einige Zeit bewegt war, nachdem die etwa fünf Minuten lang sichtbaren Monster verschwunden waren.

Diese Beobachtung kam Überlegungen entgegen, wenn es schon ungewöhnliche Tiere im Loch Ness gebe, müsse es sich zumindest um eine Familie handeln. Nun war ein Monster-Trio bemerkt worden — und das gleich von einer Gruppe von acht Menschen.

Einige Male wurde das Ungeheuer außerhalb des Wassers beobachtet. So erzählten Mr. und Mrs. G. Spicer, sie seien am 22. Juli 1933 mit ihrem Wagen auf der Straße zwischen Dores und Foyers beinahe mit dem „prähistorischen Tier" zusammengestoßen. Es habe „in Sekunden" die Straße überquert, sich vertikal ringelnd bewegt und sei in Richtung See im Gebüsch verschwunden. Einen Monat später berichtete Mrs. McLennan, sie habe das Monster in der Nähe der Stelle, wo die Spicers fast mit ihm kollidiert seien, am Ufer ruhend angetroffen.

Eine nächtliche Begegnung mit dem mysteriösen Geschöpf hatte am 5. Januar 1934 ein Mr. Grant[12] aus Edinburgh. Nach seinen Worten war er mit dem Motorrad von Inverness aus unterwegs, als er bei hellem Mondschein am Straßenrand ein plumpes Tier mit zwei Wölbungen auf dem Rücken und mit vier Ruderfüßen sah. Der Kopf auf langem Hals ähnelte einem Aal. Das große Tier bewegte sich wie ein Seelöwe, setzte über die Straße und sprang klatschend in den See.

Torquid MacLeod gab an, er habe das Ungetüm 1960 auf dem gegenüberliegenden Ufer an Land gesehen und neun Minuten lang beobachtet, ehe es wieder in den See kroch. Das Tier sei 14 bis 17 Meter lang und besitze zwei Flossenpaare, von denen die hinteren Flossen stark als Paddel ausgeformt seien.

Im Zweiten Weltkrieg und in der Nachkriegszeit fanden Augenzeugenberichte in der Weltpresse zwar kaum Beachtung, aber in britischen Zeitungen, ins

besondere in den Lokalblättern, war eine Sichtung des riesigen Wassertiers schon eine Meldung wert.
Im „Evening Star" hieß es am 6. Mai 1947:
Ein Geistlicher bezeugt:
Loch-Ness-Monster wieder aufgetaucht
London, 5. Mai — Vom Rat der Grafschaft Inverness wurde die Geschäftsordnung ausgesetzt, damit der Clerk der Grafschaft, Mr. J. W. McKillop, beschreiben konnte, wie er das Loch-Ness-Monster am Karfreitag gesehen hatte. McKillop sagte, er sei bezüglich des Vorhandenseins des Monsters skeptisch gewesen, aber diese Zweifel seien durch das, was er gesehen habe, zerstreut worden. „Ich bin fest überzeugt, daß dort etwas sehr Abnormes in den Tiefen des Loch ist", sagte er. „Es ist fähig zu außerordentlicher Schnelligkeit, und es erzeugt Wirbel im Wasser, die vermuten lassen, daß es gewaltige Ausmaße haben muß."
Reverend William Graham, ein weiteres Mitglied des Rates, erklärte, er habe ebenfalls das Monster bei anderer Gelegenheit gesehen und war erfreut, Mr. McKillops Bestätigung zu bekommen. Es könnte keinen „glaubwürdigeren Zeugen geben ..."
Noch ein anderes kirchliches Mitglied des Rates, Referend Dr. Alexander MacKinnon, sagte, auch er sei sicher, daß das Monster existiere und der Augenzeugenbericht des Grafschaftsbeamten nicht bezweifelt werden könne. „Es ist eine Kreatur im Loch, trotz allen Spotts, den Wissenschaftler darüber ausgießen," sagte er.
Der humorvolle Vorschlag eines anderen Ratsherrn, das Monster zum Ehrenmitglied des Rates zu machen, veranlaßte den Clerk der Grafschaft zur Erwiderung, die Kommunalverfassung enthalte keine Bestimmung, Monster zu kooptieren.
Unter den vielen Augenzeugen, die darauf beharrten, das Ungeheuer erspäht zu haben, befand sich auch

einer, der den eingefleischten Skeptikern sehr zu denken gab. Es handelte sich um einen Nobelpreisträger, nämlich um den Biochemiker Richard L. M. Synge[13], der 1952 den Preis für Chemie zusammen mit Archer J. P. Martin für die Erfindung der Verteilungschromatographie erhalten hatte. Für eine Sendung der britischen Rundfunkgesellschaft BBC im Mai 1958 berichtete der Wissenschaftler, er sei mit einem Auto die Uferstraße am Loch Ness entlanggefahren und habe dabei im See etwas gesichtet, das ein gekentertes Boot zu sein schien. Dieses Objekt habe sich ziemlich schnell bewegt. Wie Synge schilderte, habe er versucht, mit dem Wagen auf gleicher Höhe zu bleiben und auf diese Weise die Geschwindigkeit des Objektes mit etwa 30 Kilometer pro Stunde bestimmt. Dieser Vorgang habe etwa fünf bis sechs Minuten gedauert, danach habe das Objekt etwa zehn Minuten lang an einer Stelle unbeweglich im See verharrt.

Im August 1983 begab sich der Amerikaner Erik Beckjord auf die Fährte des Monsters. Er kam mit einer Spezialkamera, die die Langzeitbeobachtung der Wasseroberfläche erlaubte. Nach zehn Tagen verkündete Beckjord, er habe gleich drei Kreaturen auf den Film gebannt. Obwohl auf dem Streifen nur Schemenhaftes zu erkennen war, benannte der Amerikaner die drei Wasserwesen mit „Faith“ (Glaube), „Hope“ (Hoffnung) und „Charity“ (Nächstenliebe).

6. Fotos und Filme mit Beweiskraft?

Beschreibungen, selbst wenn sie präzise und in sich schlüssig erscheinen, haben den Nachteil, daß sie der Phantasie entsprungen sein können. Auch wenn eine Schilderung durch andere Personen bestätigt wird, läßt sich die Möglichkeit einer Absprache zum Zwecke der Täuschung nicht ausschließen. Belege, um beispielsweise skeptische Wissenschaftler zu überzeugen, sind eben mit Worten nicht zu erbringen. Mehr Beweiskraft traut man dem objektiven Auge der Kamera zu. Aber ist mit Fotos und Filmen tatsächlich der Nachweis für das Vorhandensein eines Ungeheuers im Loch Ness zu führen? Kenner der Materie werden sofort einwenden, gerade die Fotografie eigne sich zum Manipulieren und Fälschen. Vielleicht sind wir klüger, wenn wir einmal die wichtigsten Abbildungen vom Monster oder dem, was man dafür hält, Revue passieren lassen.

Das erste bekannte Foto von Hugh Gray, entstanden im November 1933, war, wie bereits zuvor erwähnt, wenig hilfreich. Ebenso zeigte ein am 12. Dezember 1933 von Malcolm Irvine gedrehter Film lediglich einen langen dunklen Schatten auf einer Wasseroberfläche, ein zweiter Film von ihm aus dem Jahre 1936 war noch unergiebiger. Ein Schnappschuß des Lt. Colonel Robert K. Wilson vom April 1934 wurde dagegen heiß diskutiert: Aus dem Wasser ragte ein schlanker Hals mit flachem Kopf auf, dahinter war ein schwacher Schatten als Buckel zu interpretieren. Das Bild wurde in der „Daily Mail“ als „surgeon's photograph“ bezeichnet, als „Foto des Chirurgen“, denn der Fotograf wollte nicht genannt werden.

Kritiker bemängelten alle diese Fotos, weil sie keinen Bezugspunkt zum Loch Ness hatten und irgendwo

aufgenommen worden sein konnten. Wichtig wäre gewesen, daß ein landschaftliches Merkmal oder ein Bauwerk im Bild erschienen wäre, zumindest eine markante Ufersilhouette — aber solche Kennzeichen fehlten. Das „surgeon's photograph" war zudem bei Gegenlicht entstanden.
Ob zwei Filme von Dr. McRae aus der Mitte der 30er Jahre diesen Anforderungen genügen würden, läßt sich bedauerlicherweise nicht klären. Der Arzt, der einige Zeit am Loch Duich wohnte, filmte das Monster bei einem Ausflug zum Loch Ness. Das Wassertier war keine 100 Meter weit weg. Dr. McRae erkannte einen Kopf mit zwei Höckern, die Augen als Schlitze, einen schlanken Hals, drei Buckel und ein vorderes Flossenpaar. Danach berechtigten die Filme zu großen Erwartungen, der Arzt führte sie jedoch nur im Bekanntenkreise vor und weigerte sich, sie der Öffentlichkeit zugänglich zu machen.
Ein Farbfilm des Südafrikaners G. D. Taylor aus dem Jahre 1936 blieb ohne Bedeutung. Im Juli 1951 indessen lieferten Lachlan Stuart und sein Begleiter Taylor Hay ein Monsterfoto ab, auf dem im Hintergrund Urquhart Castle erkennbar war. Sie hatten Kopf und Hals sowie drei Buckel gesichtet und schätzten die Länge des Tieres auf 15 bis 18 Meter. Der Turm von Urquhart Castle war ebenfalls auf dem Bild von Mr. P. A. MacNab, aufgenommen im Spätsommer 1955, zu sehen. Davor ist ein länglicher Gegenstand im Wasser erkennbar. Zumeist Buckel oder einmal ein langer Rücken wurden 1958 von Mr. H. L. Cockrell, im Mai 1960 von Peter O'Connor und am 31. August 1972 von Frank Searle im Bild festgehalten, von Tim Dinsdale auch am 23. April 1960 im Film, den später das britische Fernsehen ins Programm nahm.

Abbildung 4: Aufsehen erregte ein Schnappschuß aus dem Jahre 1934, der als „Surgeon's photograph" durch viele Zeitungen ging. Die Aufnahme stammt von Lt. Colonel Robert K. Wilson, der namentlich nicht in Erscheinung treten wollte. Das „Foto des Chirurgen" wurde von Kritikern bemängelt, weil es undeutlich ist und keine Bezugspunkte aufweist. (Copyright pandis media gmbh / Daily Mail)

Letzte Klarheit, wie sie Wissenschaftler fordern, ließ sich mit den Fotos und Filmen (von denen hier nur eine Auswahl vorgestellt wurde) nicht gewinnen. Die Ergebnisse von Fotografie und Film waren unbefriedigend, weil man nicht nahe genug an das Monster herankam. Was war zu tun?

7. Jagd auf das Monster

Weil das ungewöhnliche Wesen im Loch Ness sich stets nur wenige Minuten gezeigt und äußerst scheu verhalten hatte, setzte sich bei klugen Köpfen rasch die Einsicht durch, daß eine überzeugende Identifizierung nicht dem Zufall überlassen bleiben konnte. Planung und Organisation waren gefragt. Der „Wasser-Jumbo" mußte wohlüberlegt gejagt werden.

Der englische Versicherungskönig Sir Edward Mountain wollte schon im Sommer 1934 das Rätsel von Loch Ness lösen. Er engagierte 20 Leute, die sich am 13. Juli, ausgerüstet mit Ferngläsern und Kameras, rund um den See verteilten. Sie beobachteten täglich von 9 bis 18 Uhr die Wasseroberfläche. Zwei Wochen dauerte die Suche. Zwar lieferten die Beobachter eine Menge Fotos ab, aber eine eindeutige Aufnahme vom Monster war nicht darunter. Wissenschaftler, die die fotografische Ausbeute überprüften, vermochten allenfalls einen Seehund unter den unscharfen Motiven zu erkennen.

Zu größeren Unternehmungen kam es nach dem enttäuschenden Ausgang der Aktion von Sir Edward Mountain vorerst nicht. Der Zweite Weltkrieg tat ein übriges, daß es um das Monster ruhig wurde. Auch in der Wiederaufbauphase, als die Städte aus Trümmern neu erstanden, war wenig davon zu vernehmen.

Das Jahr 1960 brachte die Wende. Im Juli forschten Studenten der Universität Oxford und Cambridge am Loch Ness. Vier Wochen lang versuchten sie, mit Teleobjektiven und Hydrophonen das Monster aufzuspüren, hatten aber ebenso wie zwei Jahre später bei einer sechswöchigen Suchexpedition[13] keinen Erfolg. Die Taktik künftiger Operationen jedoch war damit vorgegeben. Bei der Jagd auf das Loch-Ness-Objekt schien es geboten, über einen längeren Zeitraum den

Abbildung 5: Sir Peter Scott (links) und Dr. Robert Rines von der Academy of Applied Science, Boston, zeigen ein Heft der Zeitschrift „Nature", in dem im Dezember 1975 ein Unterwasserfoto des Loch-Ness-Monsters veröffentlicht wurde. Scott und Rines gaben dem Ungeheuer den Wissenschaftsnamen Nessiteras rhombopteryx.

See systematisch abzusuchen und alle nur denkbaren technischen Hilfsmittel einzusetzen.
In dieser Richtung bewegten sich auch die Überlegungen von Persönlichkeiten wie dem Zoologen Sir Peter Scott, Sohn des Südpolforschers Robert Falcon Scott, der Schriftstellerin Constance Whyte, dem Parlamentsabgeordneten David James und dem Journalisten Richard Fitter, die 1962 das „Loch Ness Phenomena Investigation Bureau", zu deutsch Büro zur Erforschung des Loch-Ness-Phänomens, gründeten[15]. Diese Einrichtung bestimmte für mehr als ein Jahrzehnt maßgeblich die Aufspürarbeit. Es war ein kleiner Kreis

ernsthaft interessierter Persönlichkeiten, der sich in London zusammenfand. Als Vorsitzender wirkte Norman Collins, als Geschäftsführer David James und als wissenschaftlicher Leiter Dr. Roy P. Mackal.
1962 brach die erste Expedition des Forschungsbüros auf und experimentierte zwei Wochen im Loch Ness[16]. Im folgenden Jahrzehnt wurde jeden Sommer eine Suchaktion vom LNPIB angesetzt. Der See wurde nicht nur vom Ufer und aus der Luft überwacht, sondern auch unter Wasser stellte man dem Monster mit Unterwasserkameras, Sonargeräten und elektrischen Impulsgebern nach. Der personelle und räumliche Umfang der Aktionen wurde immer mehr ausgedehnt. Zeitweise waren mehrere hundert Kräfte an der Suche beteiligt.
1968 testeten Wissenschaftler des Instituts für Elektronik und elektronisches Ingenieurwesen der Universität Birmingham[17] für zwei Wochen ein Digital-Sonar im Loch Ness. Das Gerät wurde auch 1969 und 1970 in Zusammenarbeit mit dem LNPIB erneut erprobt, führte aber in Sachen des Monsters nicht weiter.
Große Erwartungen knüpften sich im Jahr 1969 an den Einsatz zweier Klein-U-Boote. Das LNPIB warb den Texaner Dan Taylor[18] mit dem Ein-Mann-Tauchboot „Viperfish" für drei Monate an. Das gelbe Unterwasserfahrzeug wog zwei Tonnen, verfügte über Sonargerät und war mit zwei Harpunen bestückt. Damit sollten, wenn es gelang, nahe genug an das große Wassertier heranzukommen, Gewebeproben beschafft werden, um eine genaue wissenschaftliche Bestimmung zu ermöglichen. Aber — „the yellow submarine" erwies sich als zu langsam und als schwer manövrierbar. Zudem erzeugte es zu laute Geräusche, so daß es auf empfindsame Seebewohner eher abschreckend wirken mußte. Und die Harpunen hatten nur fünf Meter Reichweite.

Abbildung 6: Bei der Suche nach „Nessie“ verwendete eine amerikanische Expedition 1970 eine Infrarotkamera, die Aufnahmen selbst bei tiefer Dunkelheit ermöglicht. Das Bild zeigt einen Kameramann mit der Spezialkamera und Infrarot-Blitzgerät.

Zwar unternahm Dan Taylor mehrere Tauchfahrten, aber dem Monster begegnete er nicht.
Noch ein anderes kleines U-Boot, die „PISCES II“[19] war im Sommer 1969 im Loch Ness unterwegs. Es war knapp sechs Meter lang und diente zur Unterstützung der Dreharbeiten für den Film „Das private Leben von Sherlock Holmes“. Die „PISCES II“ tauchte mehrere Male im See und hatte immerhin in Höhe von Urquhart Castle Sonarkontakt mit einem Objekt, das sich jedoch schnell entfernte. Das Monster?
Im folgenden Jahr, im Sommer 1970, gab es eine neue Attraktion. Der Pilot Ken Wallis patrouillierte mit seinem Kleinhubschrauber „Autogyro“ im Auftrag vom LNPIB vier Wochen über dem Loch Ness. Um den See in seiner ganzen Länge zu überfliegen, brauchte er 20 Minuten. Die „Kaffeemühle“ war zur Oberflächenüberwachung des Loch Ness gut geeignet. Wallis

machte zahlreiche Fotos und Filme vom See, leider war nirgendwo das Ungeheuer drauf.
Von 1970 an widmete auch die „Academy of Applied Science" (Akademie der angewandten Wissenschaften), mit Sitz in Boston und Concord (USA), dem Loch-Ness-Phänomen ihre Aufmerksamkeit. Die erste Unternehmung, eine zweiwöchige Sonarsuche, wurde von Akademiepräsident Dr. Robert H. Rines[20] geleitet. Dabei stellten die Amerikaner in der Urquhart-Bucht des Loch Ness große bewegliche Objekte, reiche Fischvorkommen, Nischen und Höhlen in den steilabfallenden Uferwänden des Sees fest.
Noch spektakulärer waren die Ergebnisse ihrer Expedition von August 1972. Die Amerikaner hatten ein Boot mit Unterwasserkameras und Lichtanlagen, ein zweites mit Sonargeräten ausgestattet. Die Boote fuhren hintereinander, so daß Objekte, die in den Bereich der Kameras kamen, auch vom Sonar erfaßt wurden. In der Nacht zum 8. August, zwischen ein und zwei Uhr, wurden mehrere große Objekte geortet, etwa sechs bis neun Meter lang. Unter etlichen Fotos, die gemacht wurden, ist auf einem Bild eine zwei bis 2,50 Meter lange und fast ein Meter breite Art Flosse und am Rande ein Wasserwirbel zu sehen. Diese Aufnahme machte als „Flipper-Foto" Furore. Eine 15 Sekunden danach entstandene Aufnahme zeigt einen Gegenstand von schwanzartiger Struktur. War das Monster vorbeigeschwommen?
Stark beachtet wurden einige Unterwasser-Lichtbilder, die dem Team der Akademie der angewandten Wissenschaften 1975 gelangen[21]. Auf einem davon erscheint ein vielförmiges, leicht verschwommenes Gebilde, das als Kopf des geheimnisvollen Lebewesens gedeutet wurde. Danach müßte es zwei Hörner oder Höcker, möglicherweise so etwas wie Schnorchel, besitzen.

Dementsprechend sprach man vom „Schnorchel-Foto". Auf einer anderen Aufnahme ist inmitten von Wasserwirbeln umrißhaft ein Körper mit langem Hals und Andeutungen von Flossen zu sehen.
Nun lagen also Fotos vom Körper, vom Kopf und von den Flossen des Ness-Objektes vor. Robert Rines und seine Mitarbeiter meinten, damit sei endlich der Durchbruch geschafft und die Existenz von Plesiosauriern in dem schottischen Binnensee wissenschaftlich nachzuweisen. Der Zoologe Peter Scott war begeistert. Er regte ein internationales Symposium in Edinburgh an. 80 Wissenschaftler aus aller Welt sollten die Fotos der Amerikaner begutachten. Der „Nessie-Kongreß" wurde für den 9. Dezember 1975 angesetzt. Die Royal Society und die Universität Edinburgh luden offiziell dazu ein. Den Spöttern verging das Lachen.
Der für das Loch Ness zuständige Fremdenverkehrsbeauftragte Hugh Mackean sagte: „Wir haben das Monster immer heruntergespielt, aber diese Männer haben jetzt wohl so ziemlich den Beweis dafür. Ich fange an, ganz aufgeregt zu werden."
Doch es sollte alles ganz anders kommen. Etwa zwei Wochen vor dem Kongreß sahen sich Wissenschaftler vom Londoner „Natural History Museum" die Aufnahmen von Rines an. Das „Establishment der britischen Zoologie" urteilte streng: Keines der Fotos sei „ausreichend informativ, um die Existenz oder gar die Identität eines großen Tieres im Loch Ness zu beweisen". Daraufhin zogen sich die Royal Society und die Universität Edinburgh von dem Symposium zurück: Das Treffen der Wissenschaftler war geplatzt. In der Absage hieß es zur Begründung: „Angesichts der großangelegten Berichterstattung auf beiden Seiten des Atlantiks sehen wir uns zu dem bedauerns-

werten Schluß gezwungen, daß eine nutzbringende und unvoreingenommene Diskussion zum gegenwärtigen Zeitpunkt nicht möglich wäre."[22]

Anfang Dezember hatte noch die „Sunday Times" den Amerikanern bohrende Fragen gestellt:

1. Warum hat Rines nicht einen Kontrollgegenstand zusammen mit dem Fabelwesen aufgenommen — etwa einen Anker? Mit dieser gängigen Methode hätte man Größenvergleiche anstellen können.

2. Warum waren die Kameras, die Rines benutzte, in früheren Fällen in der Lage, scharfe, leicht zu identifizierende Bilder von mehreren Fischarten aufzunehmen, die im See leben, und warum sind die Bilder von „Nessie" undeutlich und schemenhaft?

3. Warum hat Rines seine Versuche nicht wiederholt, um zu besseren Fotos zu kommen? Damit hätte er die Existenz des schottischen Unterwasserwesens beweisen können.

Der Chefzoologe des britischen Naturgeschichte-Museums, Dr. Gordon Sheals, gab am 3. Dezember 1975 seine Bedingungen[23] für die volle wissenschaftliche Anerkennung des Loch-Ness-Ungeheuers bekannt: „Wir müßten unwiderlegbare Beweise haben, und dies müßte ein Kadaver oder ein Skelett oder eine wirklich detaillierte Fotografie sein."

Der Londoner dpa-Korrespondent Gerd Lüdemann kommentierte damals: „Das zoologische Establishment in Großbritannien hat sich hinter seine Bastionen verschanzt und die Zugbrücken gegen herankriechende Monster-Reptilien aus dem Loch Ness energisch hochgezogen."

Trotz dieses Rückschlages verloren Robert Rines und Peter Scott, der sich in jüngster Zeit für den Schutz der Antarktis vor wirtschaftlicher Ausbeutung der Antarktis eingesetzt hat, nicht den Mut. In der kurz nach

dem Scheitern des Kongresses publizierten Ausgabe der wissenschaftlichen Zeitschrift „Nature“ gaben sie der schottischen Seeschlange den Wissenschaftsnamen „Nessiteras rhombopteryx“[24] unter Anspielung auf die rhombenförmige Flosse mit ihrer diamantenhaften Symmetrie. Auf Deutsch bedeutet die hübsche, aber etwas komplizierte Bezeichnung diamantflossiges Ness-Monster.
1976 orteten die Amerikaner abermals im Loch Ness große bewegliche Objekte, nach ihrer Ansicht Meerestiere. Aber neue Fotos gelangen ihnen nicht. Ebenso war ein dort von 1976 bis 1978 installiertes Floß mit Sonarausrüstung ein Fehlschlag. Kein Objekt kam näher als 60 Meter an das Floß heran. Entweder war das Floß zu auffällig oder vom Ufer her verlegte Kabel verursachten Elektromagnetfelder, die auf Wassertiere abschreckend wirkten.
1979 kam Rines auf die Idee, Delphine[25] auf das Monster anzusetzen. An den intelligenten Tieren sollten mit Gurten Kameras und Blitzlichtgeräte befestigt werden. Die Kameras wollte man mit einem Sonarauslöser koppeln. Wenn die Delphine beim Durchschwimmen des Sees auf ein großes Objekt stießen, sollten stroboskopische Blitze aufleuchten und die Kameras zu surren beginnen. Allerdings mußten die Delphine dafür erst einmal geschult und vor allem an kühles Wasser gewöhnt werden. Experten vom San Diego Research Center der US Navy wurden um Rat gefragt. Das Training der klugen Schwimmtiere wurde in Florida aufgenommen und ging weiter im Aquarium von Hull im US-Staat Massachusetts. Am Loch Ness wollte man die Delphine in Salzwasserbecken halten und nur jeweils für einige Stunden im See suchen lassen. Aber während des Trainings in Hull verendete einer der Delphine. Der Plan wurde nicht verwirklicht.

Eine weitere Variante in den Bemühungen, „Nessie“ ausfindig zu machen, stellte im Jahre 1982 der Einsatz des Goodyear-Luftschiffes „Europa“ dar.[26] Vom 3. bis 8. Juni wurden im Rahmen der „Great Glen Airship Expedition“ drei Fahrten mit dem Luftschiff über dem Loch Ness in Höhen zwischen 150 und 300 Meter über der Wasseroberfläche unternommen. Das Wassertier ließ sich jedoch nicht blicken. Hinderlich für die Beobachtung des Sees aus der Luft war die geringe Wasserdurchsichtigkeit von nur etwa 2,50 Meter.

Nicht ganz ernst zu nehmen war wohl die Ankündigung vom August 1984, Stephen Whittle[27] aus Blackpool baue eine Riesenfalle, um das Loch-Ness-Monster zu fangen. Eine 20 Meter lange Glasfiberröhre mit sieben Meter Durchmesser sollte unter einem Ponton aufgehängt werden. Um die Öffentlichkeit zu beruhigen, wurde zugleich versichert, falls „Nessie“ in die Falle gehen sollte, werde ihr kein Leid geschehen, man wolle sie nur aus allernächster Nähe fotografieren.

Nicht nur mit Aktionen großen Stils wurde Jagd auf das Monster gemacht, auch viele Einzelgänger oder kleine Gruppen versuchten ihr Glück. Zu erwähnen wären Namen wie Holly Arnold, Erik Beckjord mit Assistentin Anya Lincoln, Tim Dinsdale, Colonel H. G. Hasler, Tony Healy, Rip Hepple, Jim Hogan, F. W. Holiday, Elizabeth und Torquil MacLeod, Robert E. Love, Ivor Newby, Frank Searly und Nick Witchell. Wenn sie auch nicht mit gleicher Systematik wie die großen LNPIB-Expeditionen nach dem mysteriösen Wassertier suchen konnten, so waren die „Monster-Jäger“ doch mit hochentwickelter Technik von Infrarot-Nachtsichtgeräten und Unterwasserkameras bis zu Hydrophonen, Geräuschaufzeichnungsanlagen und starken Scheinwerfern ausgestattet.

Einige der „Nessie-Detektive“ wandten für die selbsterkorene Aufgabe nicht nur erhebliche Gelder, sondern auch viel Zeit auf. So stellten die Eheleute MacLeod, Robert E. Love, Ivor Newby und Nick Witchell mehrere Jahre dem See-Ungetüm nach. Tim Dinsdale unternahm sogar, von wahrer Aufklärungsleidenschaft gepackt, in den Jahren 1960 bis 1973 nicht weniger als 18 eigene Suchaktionen und beteiligte sich an vier LNPIB-Expeditionen, was ihm den inoffiziellen Ehrentitel „Mr. Loch Ness“ einbrachte.
Die teils von Einzelnen, teils von großen Mannschaften veranstalteten Suchaktionen unter Einsatz modernster Technik wurden in aller Welt mit Spannung verfolgt. Presse, Rundfunk und Fernsehen brachten immer neue Nachrichten über die Anstrengungen, der seltsamen Kreatur im Loch Ness auf die Schliche zu kommen. Je mehr Aufwand getrieben wurde, desto stärker wurde das Mitleid im Publikum für den geheimnisvollen Seebewohner. Das machte sich auch in der Benennung bemerkbar. Statt des Monsters sprach man in den Medien immer häufiger von „Nessie“, wobei ein positiver Unterton unverkennbar ist. Klang beim „Monster“ einst noch Furcht an, so verbindet sich heute mit der Bezeichnung „Nessie“ die Vorstellung vom schüchternen, aber schlauen und gutartigen Urtier, dem es immer wieder gelingt, den Technokraten ein Schnippchen zu schlagen, und das sich deshalb ständig wachsender Anerkennung und Sympathie erfreut.

8. War „Nessie" am „Cruzader"-Unglück schuld?

Wenn ein geheimnisvolles Etwas erst einmal die Phantasie der Leute geschäftigt, bleibt es nicht aus, daß die Volksmeinung eine Beziehung zu aktuellen Ereignissen herstellt, falls auch nur die Spur einer Möglichkeit besteht. So geschah es bei dem Weltrekordversuch, den John Rhodes Cobb am 29. September 1952 mit seinem Rennboot „Cruzader" auf dem Loch Ness unternahm.

Der 52jährige Londoner Pelzhändler und frühere Pilot der Royal Air Force war ein Geschwindigkeits-Fan. 1947 hatte er schon einen Weltrekord zu Lande mit 394,2 Meilen pro Stunde aufgestellt. 1949 zog es ihn zum Wasser. Er ließ ein Rennboot aus Aluminium und Sperrholz bauen. 1952 war der von einem de Havilland-Düsenmotor getriebene „Silberpfeil" fertig.

Als Gewässer für den Rekordversuch wählte das Renn-Team das Loch Ness aus, weil es wegen seiner langgestreckten Form für besonders sicher gehalten wurde. Im August transportierte man die „Cruzader" zur Temple-Pier an der Urquhart-Bucht. Vier bis fünf Wochen wurde der Rekordlauf sorgfältig vorbereitet. Die Weltbestleistung lag zu der Zeit bei 178,49 Meilen pro Stunde. Zwei Läufe, ein Hin- und Rücklauf über jeweils eine Meile, waren vorgeschrieben. Aus den Ergebnissen der beiden Läufe wurde dann der Durchschnittswert errechnet.

Am 29. September 1952 lief zunächst alles nach Wunsch. Cobb raste mit der „Cruzader" südwärts über das Loch Ness und erreichte bei seinem ersten Lauf eine Geschwindigkeit von 206,89 Meilen pro Stunde. Er hatte den Titel als schnellster Mensch auf dem Wasser so gut wie in der Tasche. Nach kurzer Pause startete er zum Rücklauf. Wieder sauste das sil-

Abbildung 7: Am westlichen Ufer des Loch Ness, südlich von Urquhart Castle, steht an der Straße ein Denkmal für John Cobb.

brige Rennboot über das Loch. Man hat geschätzt, daß es 240 Meilen pro Stunden machte.
Und dann hielten die zahlreichen Schaulustigen, unter ihnen die Frau von John Cobb, den Atem an: Die „Cruzader" hob bei dem hohen Tempo von der Wasseroberfläche leicht ab, tauchte wieder mit dem Bug ein, überschlug sich knallend und ging unter. John Cobb wurde schnell geborgen, doch kam die Hilfe zu spät. Er hatte sich das Genick gebrochen und starb noch am Unfallort — unter den Augen seiner Frau.
Es dauerte nicht lange, und Gerüchte machten die Runde. Die „Cruzader" war auf drei Querwellen gelaufen, hieß es. Dadurch sei es zum Unglück gekommen. Und von wem waren diese Wellen verursacht worden? Da bot sich als Erklärung doch das Monster

an. Vielleicht war das Rennboot sogar mit "Nessie" kollidiert?
Bei einem Geschehnis, das sich zwölf Jahre zuvor abgespielt hatte, konnte das Ungeheuer beim besten Willen nicht beteiligt gewesen sein: Am Abend des Neujahrstages 1940 war während eines Übungsfluges bei einem Wellingston-Bomber ein Motor ausgefallen, und die Maschine mußte im Loch Ness notwassern. Die Besatzung konnte sich retten, das Flugzeug aber versank im See.
Diese Kriegsepisode war bereits in Vergessenheit geraten, als der Amerikaner Marty Klein 1976 bei einer Sonarsuche nach dem Skelett des Monsters das Bomberwrack auf dem Seeboden entdeckte.
Obwohl das Wrack in etwa 70 Meter Tiefe lag, begann man zu überlegen, wie es zu heben sei. Zwar waren im Krieg mehr als 11000 Wellington-Bomber gebaut worden, aber kaum ein Exemplar war davon erhalten geblieben. Prof. Robin Holmes von der Heriot-Watt-Universität organisierte die Bergung. Nach langwierigen Vorbereitungen wurde am 17. September 1985 versucht, das zwölf Tonnen schwere Flugzeug aus dem See herauszuholen, aber die Aktion mißglückte. Erst beim zweiten Anlauf, am 21. September 1985 war man erfolgreich. Der Bomber kam wieder ans Tageslicht. Der Veteran, mit dem einst 14 Einsätze geflogen worden waren, darunter der Angriff der RAF am 18. Dezember 1939 auf Wilhelmshaven, steht heute in einem Museum in Weybridge / Surrey.
Immerhin erbrachte die Suche nach „Nessie" somit einen respektablen Fund. Und das scheue Wassertier hat, wenn man einem 55jährigen Highlander glauben darf, die Bergungsarbeiten mit Anteilnahme verfolgt.

9. Wie sieht das Monster aus?

Beschreibungen des Ungeheuers liegen in großer Zahl vor, und sie vermitteln einen ungefähren Eindruck, aber eben auch nicht mehr. Die meisten Augenzeugen sagen, aus dem Loch Ness seien ein Kopf auf schlankem Hals und daneben ein oder mehrere Buckel aufgetaucht. Es besteht außerdem weitgehend Übereinstimmung darin, daß man ein großes Tier gesehen habe. Damit ist jedoch der Vorrat der Gemeinsamkeiten erschöpft. In anderen Punkten weisen die Berichte über das Monster erhebliche Unterschiede auf.

Der Spekulation eröffnet sich damit ein weites Feld. Ein Kopf auf langem Hals und ein oder zwei Höcker lassen sich theoretisch mehreren Tieren zuordnen. Es könnte sich um einen Riesenaal, eine große Schlange oder eine gewaltige Schildkröte handeln. Auch auf die Möglichkeit, ein schlangenartiger primitiver Wal, der seit 20 Millionen Jahren ausgestorbene Zeuglodon, habe im Loch Ness überlebt, wurde hingewiesen. Im allgemeinen stellt man sich indessen unter dem seltsamen Geschöpf eine Art Saurier vor.

Dies erklärt sich daraus, daß einige Leute das Monster an Land beobachtet haben wollen. Das Wassertier habe, so heißt es, einen langen Körper mit zwei Buckeln, einen langen Hals mit flachem Kopf, zwei Paar Flossen und einen Schwanz. Die Flossen seien so kräftig ausgebildet, daß sich das Tier damit auch an Land fortbewegen könne. Diese Schilderung läßt uns an den vor über 60 Millionen Jahren ausgestorbenen Plesiosaurier denken.

Um sich eine Vorstellung von der Größe des Ungeheuers machen zu können, wurden aus den vielfältigen Angaben Durchschnittswerte errechnet. Das Tier mißt danach insgesamt gut zwölf Meter, wovon auf Kopf

Abbildung 8: Phantombilder: „Nessie" mit Schlangenkopf und verschiedenen Körperformen. (Zeichnung Dago Kleemann)

und Hals knapp drei Meter, auf den Rumpf gut sechs Meter und auf den Schwanz drei Meter entfallen. In der Höhe wird das Tier auf gut 1,50 Meter geschätzt, wobei die Flossen nicht berücksichtigt sind.
Bei den Einzelheiten scheiden sich die Geister. Über den Kopf heißt es meist, er sei flach und gleiche dem einer Schlange oder eines Pferdes. Andere Beobachter meinten, er erinnere an einen großen Hund, an einen Terrier, an eine Kuh, an eine Ziege, an einen Aal. Die Augen seien groß und glänzend, manchmal schlitzartig, auf keinen Fall habe das Wassertier Fischaugen. Der etwa 60 bis 90 cm dicke Hals sei muskulös, ähnele in der Form dem eines Schwans und erlaube dem Monster, den Kopf schnell nach allen Seiten zu drehen. Manchmal wird ein Kamm mit Haar oder Wolle oder eine Mähne erwähnt, ebenso zwei Wülste auf dem Kopf — wie bei einer Giraffe.
Der Körper wird zum einen plump und eiförmig, zum anderen als langgestreckt wie der eines riesigen Aals beschrieben. Die Haut sei weich und glitschig, heißt es, aber auch, sie sei rauh und tief zerfurcht. Zudem ist vereinzelt von Nobben und Warzen die Rede. Der Schwanz, so die Augenzeugen, sei außerordentlich kräftig und könne das Wasser wie eine Schiffsschraube aufwirbeln.
Und welche Farbe hat das Ungeheuer? Oft lauten die Aussagen, es sei grau oder rötlich braun, dunkel oder schwarz, aber auch, es sei olivgrün oder grünlich schwarz.
Gelingt es, nach diesen Angaben im Puzzle-Verfahren ein Phantombild zu entwerfen? Die Aufgabe ist schwierig. Wenn man den Kompromiß sucht, müßte man eine Walschlange oder einen Schildkrötensaurier entwerfen — oder gar einen „Krötalschlaurier". Ein kaum zu realisierendes Unterfangen. Es bleibt wohl nichts anderes

Abbildung 9: Phantombilder: „Nessie" mit unterschiedlichen Kopf- und Körperformen. (Zeichnung Dago Kleemann)

übrig, als eine Auswahl zu treffen, um ein halbwegs glaubwürdiges Bild von dem unidentifizierten Wasserobjekt, von dem UWO, zu bekommen.
Der Konstanzer Grafiker Dago Kleemann hat sich die Mühe gemacht, Phantombilder von Nessie zu entwerfen. Man könnte sich keinen Geeigneteren für diese Aufgabe denken als ihn, denn er hat lange als Spezialist für die Kriminalpolizei Täterskizzen und Phantombilder angefertigt. Kleemann war sogleich von Nessie gepackt, wie er versichert. Nach den vielfältigen Beschreibungen ermittelte er vier Haupterscheinungsformen: Schlange, Aal, Wal und Schildkröte. Jeder Erscheinungsform ordnete er acht Varianten zu: Aalkopf, Schlangenkopf, auch mit geschlitzten Augen, Pferdekopf, auch mit zwei Höckern sowie Kamm und Mähne, Rinder- oder Ziegenkopf, Hundekopf mit Höckern.
Durch die Kombinationen entstanden insgesamt 32 mögliche Nessie-Bilder, indem Körper und Kopf/Halsteile untereinander ausgewechselt wurden. Als Darstellungsform wählte Kleemann die Silhouette. Unterhalb des Halsansatzes verlaufen über die Körperbereiche Wasserlinien, um das Wasser zu symbolisieren.
„Ich habe versucht, in den Darstellungen einigermaßen sachlich zu bleiben und habe auf spektakuläre Gebärden und ‚Gesichter' verzichtet, denn da gibt es in der Darstellung mythologischer Figuren Unglaubliches", schreibt der Künstler[28] dazu. „Auch die Darstellungen der legendären Seeschlangen — vom Mittelalter an bis ins 19. Jahrhundert — zeigen phantastische Visagen. Die Darstellung eines Schildkröwalschlauriers muß wohl der Phantasie des Lesers überlassen bleiben."

10. Für und Wider

Über ein unidentifiziertes Objekt wie das Loch-Ness-Wesen läßt sich trefflich streiten. Die einen glauben fest daran, daß in dem schottischen See ein oder mehrere ungewöhnliche Tiere existieren, die anderen tun „Nessie“ als eine Sinnestäuschung oder als einen schlechten Scherz ab. Beide Seiten können mit einer Fülle von Argumenten aufwarten.

Immerhin, so heben die Monstergläubigen hervor, sind von Augenzeugen etwa 4000 Sichtungen berichtet worden. Zugegeben, einige Leute können sich geirrt oder bewußt die Unwahrheit erzählt haben, die Masse der Beobachtungen stimmt aber in den Grundaussagen überein, und das über Jahrzehnte hinweg! Überdies sind im Laufe der Zeit Hunderte von Fotos und Dutzende von Filmen vorgelegt worden, die Erscheinungen im Loch Ness zeigten. Zwar waren etliche Aufnahmen unscharf, aber häufig waren sie unter ungünstigen Umständen entstanden: Objekt weit entfernt und nur kurze Zeit sichtbar, schwierige Lichtverhältnisse, vielleicht auch Nervosität beim Hantieren mit der Kamera.

Große Tiere könnten durchaus im Loch Ness leben. Der lange und tiefe See wird von vielen Flüssen und Bächen gespeist, die ihrerseits meist mit anderen Lochs und Flußsystemen auf den umgebenden Höhen verbunden sind. Am Westufer münden River Moriston, Allt Saigh, River Coiltie und River Enrick ins Loch Ness, am Ostufer River Farigaig, River Foyers und Allt Doe. Am Südende, bei Fort Augustus, fließen River Oich und River Tarff in den See, im Norden stellt der River Ness die Verbindung zum Inverness Firth her. Das Wasser des Sees gilt als sauerstoffreich. Nach Angaben der Limnologen sind dort Lachse,

Saiblinge, Forellen, Aale, Hechte und Stichlinge stark vertreten, so daß für fischfressende Großtiere ausreichende Nahrungsreserven vorhanden wären.
Viele Erklärungen werden für die Existenz ungewöhnlicher Lebewesen in dem schmalen und tiefen See angeboten. Beliebt ist die Version, daß das Loch Ness ursprünglich eine Meeresbucht war. In der Nacheiszeit habe sich die schottische Landmasse gehoben und ein Binnensee sei daraus entstanden. Bei der Abtrennung seien Abkömmlinge von Plesiosauriern in dem See eingeschlossen worden. Diese Kolonie habe sich an Süßwasser gewöhnt und sich durch Fortpflanzung erhalten.
Zeitweise wurde die Vermutung favorisiert, im Loch Ness gebe es kapitale Molche oder Salamander,[29] die mit Kiemen atmen und sich in Unterwasserhöhlen aufhalten. Die größte bekannte Salamanderart, der japanische Riesensalamander, wird bis zu 1,70 Meter lang. Im Süden der Vereinigten Staaten von Amerika erreichen aalähnliche Fischmolche ein Meter Länge.
Nach der Molluskentheorie[30] soll es sich bei dem Objekt um einen Wasserwurm oder eine Nacktschnecke von überdimensionalen Ausmaßen handeln. Dafür spreche, daß Weichtiere wie Tintenfische und Meeresmuscheln in kleinen wie in sehr großen Exemplaren vorkommen. Außerdem würde der Umstand erklärt, daß die Ungeheuer im Loch Ness vorwiegend bei Windstille auftauchen. Das sei charakteristisch für Mollusken, weil deren Haut außerordentlich windempfindlich sei und rasch austrockne.
Die seltsamen Erscheinungen im See wurden aber auch als große Seelöwen oder Walrösser, als riesige Kraken, Schwertwale oder Riemenfische[31] gedeutet. Sie seien von der Nordsee gekommen und vom Beauly Firth über den River Ness in das Loch Ness gelangt.

Zitate über das Monster

„Es ist unwahrscheinlich, daß irgendeine Kreatur (aus dem Meer), die Zugang zum Loch Ness erlangt hat, allein dort überleben konnte. Das Loch hat immer frisches Wasser enthalten, und es gibt keinen Beweis dafür, daß Salzwassertiere dort heimisch geworden sind.“

Prof. T. Neville Smith, Glasgow
(nach „Times“ vom 21.12.1968)

„Ich bin fest davon überzeugt, daß im Loch Ness ein aufregendes Tier lebt, das vielleicht sogar 17 Meter lang sein könnte. David James (nach dpa-Bericht vom 9.6.1969)

„Dem legendären Ungeheuer vom Loch Ness geht es wie Amerikas ewigem Flüchtling Doktor Richard Kimble: „Nessie“ befindet sich schon so lange auf der Flucht, daß es fast niemanden mehr fesselt. („Der Spiegel“, 26.6.1967)

„Es gibt viele Nessies, ältere und jüngere, größere und kleinere. Im Durchschnitt sind die Tiere wohl 15 bis 20 Meter lang, und auf einem sehr beweglichen Hals tragen sie den Kopf eines Riesenpferdes. Sie erreichen die Geschwindigkeit eines sehr schnellen Motorbootes ... Mit Sicherheit gibt es in den Tiefen des Loch Ness Eingänge zu Höhlen unter den Ufern. Vermutlich steigen die Nessies dort zum Atmen auf. Da die Ufer aus recht porösem Gestein bestehen, gibt es in den Höhlen bestimmt ausreichend Sauerstoff.“ Lister Skelton, Mitbegründer des LNPIB
(nach „Welt“ vom 7.9.1966)

„Eines steht fest: Das Ungeheuer von Loch Ness ist im Gegensatz zu anderslautenden Behauptungen keine Erfindung der Journalisten. Schließlich wurde das merkwürdige Wesen angeblich von mehr als 4000 Augenzeugen leibhaftig erspäht.“

Christian Fürst (nach dpa vom 19.8.1981)

„Wir rechnen nicht unbedingt mit einem riesigen Reptil. Aber Loch Ness ist das größte Süßwasser-Reservoir in Großbritannien, da ist genug Platz für mysteriöse Erscheinungen.“ Adrian Shine (nach dpa vom 8.10.1987)

Vielleicht bestehe auch ein unterirdischer Wasserlauf zwischen Meer und See. Andererseits wird vermutet, daß das Loch Ness und das Loch Morar unterirdisch verbunden seien.
Japanische Forscher, die im Herbst 1973 eine Expedition zum Loch Ness unternahmen, vertraten die Ansicht, Nessie sei ein gewaltiger Aal.[32] Andere Theoretiker neigen ebenfalls zu dieser Hypothese. Doch selbst wenn es solche Super-Aale geben sollte, wäre es unwahrscheinlich, daß sie sich in vertikaler Ondulation vorwärtsbewegen.
Ein eigener Zweig der Wissenschaft, die Kryptozoologie, hat sich entwickelt, um Phänomene wie das Loch-Ness-Monster aufzuklären. Kryptozoologie ist von dem griechischen kryptos = verborgen abgeleitet und bedeutet Wissenschaft von den verborgenen Tieren. Der Franzose Dr. Bernard Heuvelmans hat diese Disziplin in den 50er Jahren populär gemacht. Im Januar 1982 wurde auch die „Internationale Gesellschaft für Kryptozoologie" gegründet.
Die Kryptozoologen können auf eine Reihe unglaublicher Entdeckungen verweisen. Beispielsweise wurde im Dezember 1938 ein Urfisch, der sogenannte Quastenflosser (coelacanthus), gefangen, der seit etwa 60 Millionen Jahren als ausgestorben galt. Der Kapitän eines Trawlers, dem der eineinhalb Meter lange stahlgraue Fisch mit gestielten Brust- und Bauchflossen vor der südafrikanischen Küste vor der Chalumna-Mündung ins Netz gegangen war, hatte den Fang auf dem nahegelegenen Markt von East London gebracht. Die Museumskuratorin Marjorie Courteney-Latimer bekam das ausgefallene Exemplar zu Gesicht und ließ es von Professor James L. B. Smith von der Rhode-Universität in Grahamstown untersuchen. Der stellte fest, daß er einen „Dinosaurier des Meeres" vor sich hatte.

Die Wissenschaftler meinen, daß von den Quastenflossern vor mehr als 350 Millionen Jahren die Entwicklung der landlebenden Wirbeltiere ihren Anfang nahm. Der Fund des Quastenflossers war eine biologische Sensation. Man wollte mehr solcher Urfische haben, vor allem lebend! Die Geschichte des Coelacanthus erinnert an die des Loch-Ness-Ungeheuers. Professor Smith setzte eine Belohnung aus für weitere Urzeit-Relikte. Erst 1952 wurde bei der Insel Anjouan, die zur Inselgruppe der Comoren nordwestlich von Madagaskar gehört, wieder ein Quastenflosser gefangen. Seitdem landeten einige dieser lebenden Fossilien in den Netzen der Fischer, und 1987 gelang es Professor Hans Fricke, Gastwissenschaftler am Max-Planck-Institut in Seewiesen, Bayern, mit seinen Mitarbeitern erstmals, im Indischen Ozean vor der Insel Grande Comore von einem Tauchboot[33] aus von Januar bis Mai sechs Quastenflosser in 200 Meter Tiefe zu filmen. Allerdings hatte Fricke mit seiner Expedition am Tage keinen Erfolg, aber als er nachts tauchte, bekam er die Urfische vor die Kamera.
Aufgrund seiner Beobachtungen nimmt der Wissenschaftler an, daß die Quastenflosser vorwiegend in Tiefen unter 170 Meter leben. Höher steigen die Raubfische wahrscheinlich nur auf, wenn sie auf Beutezüge gehen. Möglicherweise orten sie ihre Opfer über Veränderungen des Erdmagnetfeldes. Übrigens bemühte sich Fricke nicht, Quastenflosser zu fangen, weil diese inzwischen auf der Liste des Washingtoner Artenschutzabkommens stehen; sie wären in Gefangenschaft wegen „Taucherkrankheit und Streß“ auch nur kurze Zeit am Leben zu erhalten.
Die Kryptozoologen berufen sich weiter darauf, daß mittlerweile andere umstrittene Tierarten als real existierend nachgewiesen sind. So gibt es nicht nur

Riesenkraken mit 45 Meter Durchmesser in den Gewässern der Bahamas, sondern auch das Okapi, den Komodo-Waran und den Riesenmaul-Hai (megachasma pelagios). Abgesehen davon, betonen die Kryptozoologen, werden jedes Jahr durchschnittlich drei bis vier Amphibien, zwei oder drei Reptilien, zahlreiche Vögel und nahezu ein Dutzend Säugetiere entdeckt. Warum, so fügen die Nessie-Fans an, ist dies für das bisher nicht identifizierte Schwimmtier im Loch Ness auszuschließen?

Die meisten Zweifler sind der Ansicht, daß die vermeintlichen Augenzeugenberichte vom Monster, soweit sie nicht Produkte der Einbildung sind, ganz einfach auf Täuschung und Mißdeutung zurückzuführen sind. Schon der dramatische Bericht des Heiligen Columba lege die Annahme nahe, daß das beißwütige Biest ein Hai gewesen sei, der einen Menschen zer-

Abbildung 10: Ein präpariertes Exemplar des Quastenflossers ist im Ozeanographischen Museum des Fürstentums Monaco zu sehen.

fleischt habe. Der Vorfall spielte sich schließlich im River Ness ab, das Meer war nahe.
Die „Erscheinungen“ im Loch Ness lassen sich, wenn man den „Realisten“ folgt, größtenteils durch Fische oder Wasservögel erklären. Fische, die an die Oberfläche schießen, und Vögel, die sich im Wasser balgen, könnten zusammen mit Wasserbewegungen — erst recht bei entsprechender Entfernung — den Eindruck hervorrufen, als bewege sich ein großes Tier im See. Außerdem komme es vor, daß ein Hirsch oder ein Pferd das Gewässer durchschwimme. Deren Identifizierung aus der Ferne sei schwierig. Ebenso könne man sich vorstellen, daß Seehunde, Otter oder Schildkröten zu Fehlschlüssen Anlaß gaben.
Sogar für die sich vertikal bewegende Seeschlange kann eine plausible Erklärung geliefert werden. Seeleute haben beobachtet, daß Tümmler manchmal in einer Reihe hintereinander schwimmen und in gleichmäßigem Rhythmus aus dem Wasser schnellen. Dadurch bietet sich ein Bild, als bewege sich dort eine riesige Schlange vorwärts! Bliebe zu ergänzen, daß Schlangen nicht vertikal, sondern horizontal schlängelnd schwimmen.
Fotos und Filme akzeptieren die Skeptiker überhaupt nicht als Beweis für Nessies Existenz, denn Objekt wie Ablichtung lassen sich manipulieren. Die fotografische Technik ermöglicht das Abdecken und Einkopieren, das Montieren und Retuschieren, Ausschnitte und Schatteneffekte, das Vergrößern und Verkleinern, wie jeder weiß. Das vielbeachtete „Foto des Chirurgen“, bei Gegenlicht entstanden und ohne Bezugspunkte, könnte durchaus eine Wildgans oder einen Schwan darstellen. Und die Aufnahmen, die von den Wissenschaftlern der Akademie für angewandte Wissenschaften präsentiert wurden, zeichnen sich

insbesondere durch Unschärfe aus. Der angebliche Kopf von „Nessie“ könnte ebensogut ein Felsstück, die angeblichen Flossen könnten ebensogut im Wasser treibende Holz- oder Plastikteile sein.
Die zahlreichen Sonarkontakte mit großen beweglichen Objekten im Loch Ness werden von den Realisten auch nicht sehr hoch bewertet. Dafür seien verschiedene ganz natürliche Ursachen denkbar. Selbst ein dichter Fischschwarm vermöge Reflexe wie ein großes Wassertier hervorzurufen.
Es fehlt nicht an anderen Erklärungsversuchen. Oft wird ins Feld geführt, bei den „Nessie“-Wahrnehmungen handle es sich um optische Täuschungen. Mehrfach haben Fachleute dazu Stellung genommen. Der nordamerikanische Forscher Dr. W. H. Lehn[33] schrieb 1979 in der Zeitschrift „Science“, ein Studium der einschlägigen Literatur habe ergeben, daß Wasserungeheuer vorzugsweise in tiefen Seen in kühlen Klimazonen gesichtet worden seien. Die meisten Beobachter hätten ihren Standort nahe der Wasseroberfläche gehabt. Der Großteil der Observationen sei in die Zeit Mai bis August gefallen, für das Loch Ness betrage der Anteil für diesen Zeitraum 77 Prozent. Der Schlüssel für die Lösung bestehe darin, daß kaltes Wasser in Kombination mit warmer Luft an der Wasseroberfläche zu einer Temperatur-Inversion führe, die optische Täuschungen verursache. Dadurch könne eine kleine Ente wie eine Riesenwasserschlange aussehen. Wenn der Beobachter sich geringfügig bewege, reiche dies aus, daß er den Eindruck habe, das vermeintliche Ungetüm tauche unter.
Auch andere Wissenschaftler wiesen auf den Fata-Morgana-Effekt hin, wenn eine extrem kalte Luftschicht über dem Wasser von warmen Luftschichten überlagert wird. Optische Verzerrungen seien die

Folge. So könne etwa der nur etwa 40 cm hohe Kopf eines Walrosses wie ein acht Meter großes Ungeheuer erscheinen.[34] Vor diesem Hintergrund würden auch die abenteuerlichen Schilderungen von Seeleuten im Mittelalter verständlich. Der sagenhafte „Wassermann" galt als Vorbote heftiger Unwetter. Windstille, gefolgt von einem plötzlichen Temperaturanstieg, wie häufig vor großen Stürmen, das ist nach Darstellung der Wissenschaftler genau die Vorbedingung für das Auftreten optischer Täuschungen. Diese beruhen darauf, daß Lichtstrahlen in verschieden warmen und damit verschieden dichten Luftschichten unterschiedlich stark abgelenkt werden.

Der britische Amateur-Unterwasserforscher Leo Sheridan steuerte 1975 die These bei, ein im Loch Ness versunkenes Wikingerschiff[35] narre die Menschen, indem es von Zeit zu Zeit durch starke Strömungen an die Oberfläche komme. Bei flüchtiger Betrachtung könne ein Wikingerschiff mit einem großen Tier verwechselt werden. Der lange Hals mit dem häßlichen Kopf erinnere an den für Wikingerschiffe typischen hohen Vordersteven mit Pferdekopf. Was als Flosse angesehen werde, könnte das Ruder des Schiffes sein.

Mit einer für Nessie-Freunde recht enttäuschenden Begründung wartete der schottische Ingenieur Robert P. Craig[36] 1982 im Magazin „New Scientist" auf. Die Erscheinungen im Loch Ness und in anderen Seen Schottlands seien nichts anderes als faulige Baumstämme, behauptete Craig. An den Ufern der Seen, so erläuterte der Ingenieur, stehen sehr alte Kiefern. Einzelne Bäume fielen vor langer Zeit ins Wasser, sanken auf den Grund und füllten sich im Morast mit Gas. Von Zeit zu Zeit tauchen diese fauligen Stämme, von Gasblasen getragen, auf und entladen sich, um

wieder zu versinken. Große Klumpen von Harzablagerungen an den Stämmen könnten als „Kopf" und „Flossen" gedeutet werden.
Man kann spekulieren, ob das unidentifizierte Wasserobjekt ein Fisch, eine Amphibie oder ein Reptil ist. Mutmaßungen, es sei ein Saurierabkömmling, halten die „Monsterologen" jedoch für absurd, denn diese Kolosse sind schon seit 65 Millionen Jahren ausgestorben. Außerdem — es müßte schon eine Herde von Plesiosauriern im Loch Ness existieren, um sich fortpflanzen zu können. Und sie wären ein alltäglicher Anblick, weil sie als Lungenatmer regelmäßig an die Wasseroberfläche kommen müßten.
Eine geradezu umwerfende Hypothese stellte der Kalifornier Erik Beckjord[37] auf. Er vermutet, „Nessie" sei körperlos, eine Energieform, die mit Menschen in Wechselwirkung trete. Den Körper werde man ebensowenig finden wie den Körper eines Blitzes. Laut Beckjord hat das Wesen ein Gesicht wie eine Katze und eine knapp fünf Meter lange Erscheinungsform, die wie eine Kreuzung von Halleyschem Komet mit einer Concorde-Düsenmaschine aussehe.

11. „Operation Deepscan"

„Jetzt geht's Nessie an den Kragen", meinte ein Reporter. Er blickte vom New Clansman Hotel auf die Marina, in der sich am Vorabend der großen Suchaktion die Motoryachten drängten. In der Tat, einen derartigen Aufwand an Menschen und Technik hatte es noch nie zuvor gegeben, um endlich das Geheimnis des Loch Ness zu enthüllen.

Ich gehörte zu den annähernd 300 Journalisten aus Großbritannien, Europa und Übersee, unter ihnen auch 22 Fernsehteams, die das spektakuläre Vorhaben nach Schottland gelockt hatte. Es war für mich keine Frage, vor Ort dabei zu sein, wenn man mit einem Manöver höchster Perfektion „Nessie" auf den Leib rücken wollte, weil mich dieses Phänomen schon lange gefesselt und ich seit 1958 alle erreichbaren Meldungen darüber gesammelt hatte.

Das „Medien-Zentrum" war im Erdgeschoß vom New Clansman Hotel untergebracht, wo sich auch das Hauptquartier der „Operation Deepscan" (Unternehmen Schallnetz) befand. Der landsknechthafte Allround-Reporter wie die gebildete Rundfunk-Kommentatorin, der wache Nachrichtenhai wie der gewandt auftretende Illustriertenschreiber, der hemdsärmelige Kameramann wie die emsige Fotografin gaben sich dort ein Stelldichein. Journaille, wie sie leibt und lebt.

John Fenn und Guy Pearse betreuten die Presse, Schreibmaschinen, Telefon, Fernschreiber und Kopiergerät waren verfügbar, Informationsbulletins wurden ausgegeben, den Ausflugsdampfer „Jacobite Lady" hatte man zum Presseschiff umfunktioniert. Sogar ein Hubschrauber konnte gechartert werden — für 450 englische Pfund die Stunde.

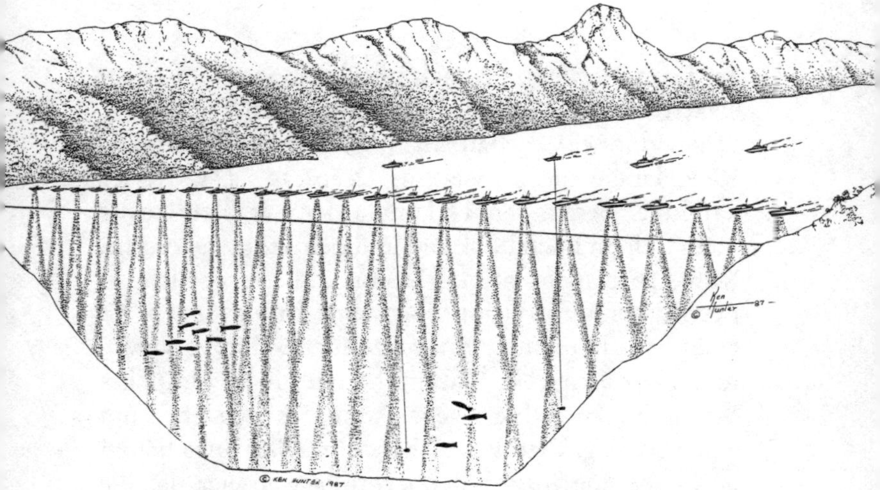

Abbildung 11: Die Skizze zeigt, wie eine Flotte von 25 Motorbooten, ausgerüstet mit Sonargeräten, das Loch Ness abfährt und dabei ein Schallnetz bis zum Seeboden ausspannt. (Zeichnung Ken Hunter)

Mehr als ein Jahr lang war die „Operation Deepscan" generalstabsmäßig vorbereitet worden. Als Geldgeber für das kostspielige Vorhaben wurden zwei Luftfahrtgesellschaften und britische Fremdenverkehrsinstanzen gewonnen. Ein Yachtverleih aus Inverness stellte eine Flotte von „Princess"-Motorbooten bereit, die elektronische Ausrüstung kam von einer amerikanischen Firma aus Tulsa im Staat Oklahoma. Das Loch Ness Centre half wissenschaftlich und organisatorisch.

Jedes Boot war mindestens mit einem Skipper, Gehilfen und Techniker bemannt. Ein Teil der Besatzungen stammte aus dem Raum Inverness und wurde verstärkt durch junge Leute aus London und durch Crews aus Avon, East London, Edinburgh, Medway und Merseyside. Alle Expeditionsteilnehmer trafen schon einige Tage vor dem Anlaufen der Suche

am Loch Ness ein, um sich mit den Booten und dem elektronischen Gerät vertraut zu machen.
Der Londoner Geschäftsmann Adrian Shine, Jahrgang 1949, leitete die „Operation Deepscan". Das Revier kannte er bereits seit 14 Jahren, denn er hatte zuvor mehrfach im Loch Ness und im Loch Morar geforscht. Kühl, aber nicht ohne Humor, äußerte er sich zu Beginn der Großaktion über seine Erwartungen. Er rechne nicht damit, ein vorzeitliches Reptil aufzuscheuchen, sagte er. Wenn es ein ungewöhnliches Wesen im Loch Ness gebe, könne es sich eher um einen „sehr großen Fisch" handeln. Allerdings hätten ihm seine langjährigen Beobachtungen gezeigt, daß die Flora und Fauna des Loch Ness aufgrund geologischer Gegebenheiten — Strömungsverhältnisse, große Temperaturunterschiede und hoher Druck in der Tiefe — Besonderheiten wie kein anderer See hätten. Zu den Zielen der Unternehmung gehöre es deshalb auch, genau zu ermitteln, wie die Fischvorkommen vor allem von Saibling, Forelle und Lachs im See verteilt seien, die Tiefwasserfauna im Loch Ness unterhalb von 200 Meter zu untersuchen und Erkenntnisse über die Temperaturschichtungen nahe der Wasseroberfläche zu bekommen.
Am Morgen des 9. Oktober 1987 liefen 25 Motoryachten aus. Das Wetter kann in Schottland so spät im Jahr schon recht ungemütlich sein. Doch Petrus zeigte sich von seiner besten Seite. Die Sonne strahlte von einem kräftig bewölkten Himmel. In drei Tagen sollte der See systematisch von einem zum anderen Ende durchkämmt werden.
Die weißen Yachten reihten sich nebeneinander auf, zogen also in Dwarslinie durchs Wasser. Von weitem schien es, als sei eine Perlenkette quer über den glitzernden See gelegt worden. Da das Loch Ness eine

Abbildung 12: Mit großer Präzision suchten die Boote in Dwarslinie vom 9. bis 11. Oktober 1987 das Loch Ness ab. Links oben: Adrian Shine.

durchschnittliche Breite von 1,5 Kilometer hat, ergab sich zwischen den Booten ein Höchstabstand von 50 bis 60 Metern. Unter diesen Umständen war das „elektronische Netz“, das von der Wasseroberfläche bis zum Grunde des an einigen Stellen 220 Meter tiefen Sees reichte, lückenlos. Experten meinten, keine Forelle könne unbemerkt hindurchschlüpfen.

Mir bot sich die Gelegenheit, aktiv die Jagd auf „Nessie“ mitzuerleben. Ich bestieg die Yacht Nr. 13. Die Besatzung, sympathische junge Engländer, nahm mich freundlich auf. Der Skipper war A. Gates aus Bristol. Vor Clansman Harbour richteten sich die Boote seitlich aus, und ich war in der Mitte der Kette! Die Motoren tuckerten, schoben die Kabinenkreuzer vorwärts. Der Sonarvorhang wurde geschaltet.

Achteraus folgten zwei Boote, in einem davon Adrian Shine, Chef und Koordinator. Diese beiden Boote waren mit Unterwasserkameras versehen. Wenn Sonarkontakte festgestellt wurden, sollte von diesen Booten aus versucht werden, etwaige Objekte zu filmen und zu fotografieren. Weiter hinten kurvte der Pressedampfer mit dem Reportervölkchen.

Die Armada bewegte sich am ersten Suchtag von Nord nach Süd in Richtung Fort Augustus. Jeder Skipper bemühte sich, die ihm zugewiesene Position zu halten. Die Aktion lief mit der Präzision eines Uhrwerks ab. An Steuerbord glitten die roten Ruinen von Urquhart Castle vorbei, blickte man nach Backbordseite, wurde man von den silbrigen Reflexen des Wasserspiegels geblendet.

In den Reportern kämpften Realitätssinn und Phantasie miteinander. Mir ging es nicht anders. Die „Operation Deepscan", das Spiel Technik gegen Mythos war ein Faktum. Doch daß ein Plesiosaurier im Loch Ness lebe, konnte nur wohlwollend als Spekulation bezeichnet werden. Allerdings — wie die Erfahrung lehrte, geschahen ja manchmal Dinge zwischen Himmel und Erde, die bis dahin für unmöglich gehalten worden waren …

Immer wieder schaute ich auf die Papierspule, auf der die Messungen aufgezeichnet wurden. Plötzlich erschien ein breiter schwarzer Strich auf dem Papier. „Kann das Nessie sein?", fragte ich. Der Skipper verneinte. Es handelte sich um eine Überschneidung mit dem Sonar des Nachbarbootes.

Nachmittags oder abends wurden Pressekonferenzen angesetzt. Doch während des dreitägigen Schauspiels konnten die Veranstalter, ob die Flotte nun nach Nord oder nach Süd über den See lief, keine elektrisierenden

Neuigkeiten vermelden. Am ersten Tag der Aktion hatte es zwar Sonarkontakte gegeben, gezielte Echolotmanöver am nächsten Tag erbrachten aber nichts. Die Reporter harrten der Ereignisse, die da kommen könnten. Selbst der Spruch, wartende Journalisten seien gefährlich, vergeblich wartende sogar doppelt, am gefährlichsten aber vergeblich wartende Journalisten, die untereinander Informationen austauschen, diese Weisheit bewahrheitete sich nicht. Aufsehenerregende Berichte waren Fehlanzeige, selbst die Gerüchteküche gab nichts her. Dafür frönten die Engländer ihrer Leidenschaft und schlossen jede Menge Wetten ab: Nessie ja — Nessie nein?
Das zum Abschluß der Suche vorgelegte Ergebnis war ernüchternd. Drei Millionen Mark hatte die Expe-

Abbildung 13: Der Autor an Bord des Bootes Nr. 13, das mit einer Crew aus Bristol unter Skipper A. Gates besetzt war.

dition gekostet, mehr als 120 Menschen waren aufgeboten worden, aber etwas Greifbares konnte man im Loch Ness nicht finden. Adrian Shine erklärte denn auch trocken, an ein Überbleibsel aus Urzeiten habe im Ernst wohl auch niemand geglaubt. In Zukunft, so der Amateurwissenschaftler, werde man die Angelegenheit sicherlich „vernünftiger" beurteilen. Vielleicht werde sich eines Tages das Phantom als ein großer Fisch herausstellen.

Shine meldete zugleich Zweifel an jenen Fotos an, die bei Expeditionen der Akademie für angewandte Wissenschaften aufgenommen worden waren und angeblich Teile des Monsters zeigten. Wahrscheinlich, so der Chef von „Operation Deepscan", habe es sich damals um Holzstücke gehandelt, die etwa sieben Meter unter der Wasseroberfläche geschwommen hätten. Auch Retuschen wollte Shine nicht gänzlich ausschließen.

So erwies sich eine Bemerkung in einem zu Beginn der Aktion verteilten Pressebulletin als prophetisch: „Was wird aus den dunklen Tiefen des Loch Ness zum Vorschein kommen? Niemand weiß es. Die „Operation Deepscan" ist eines der letzten Abenteuer mit dem wahrhaft Unbekannten in Großbritannien. Wir haben den Verdacht, daß nach der großen Suche im Loch Ness noch mehr Fragen zu beantworten sein werden."

12. Eine journalistische Schöpfung

Nach der erfolglosen Aktion im Herbst 1987 meinte Expeditionsleiter Adrian Shine, für ihn sei erwiesen, daß es kein legendäres Tier im Loch Ness gebe. Die Presse sei es gewesen, die ein „Medien-Monster" geschaffen habe. Sofort erhoben sich aber Stimmen, die darauf hinwiesen, daß der See trotz des Großaufgebots an Yachten nicht vollständig abgesucht worden sei. Man könne davon ausgehen, daß einem wachen und scheuen Wesen wie „Nessie" das emsige Treiben auf dem See nicht verborgen geblieben sei. Es habe sich deshalb in eine der Nischen oder Höhlen des Lochs zurückgezogen, bis alles vorüber sei.

Man sieht, es ist schwierig, den Gegenbeweis wie den Beweis für „Nessie" zu führen. Das Spiel kann weitergehen. Adrian Shine hat mit seiner Bemerkung vom „Medien-Monster" jedoch recht. Als Fiktion hat sich das flinke Schwimmtier längst selbständig gemacht. Es tummelt sich in Zeitungen und Büchern, im Rundfunk, Film und Fernsehen und wird dies weiter tun, auch wenn die „Operation Deepscan" ein Fehlschlag war.

Wie und warum das Ungeheuer von Loch Ness zu einer weltbekannten Phantasiegestalt wurde, ist ein viel größeres Phänomen als das rätselhafte Wesen selbst. Wie bereits erwähnt, maßen die Einheimischen den Erscheinungen im See keinen besonderen Neuigkeitswert zu. Daß der „Inverness Courier" über die Beobachtungen des Ehepaares McKay berichtete, dürfte mehr ein Zufall gewesen sein.

Warum also erregte diese Meldung über die Region hinaus Aufsehen? Um dieser Frage nachzugehen, wollen wir zwölf klassische Nachrichtenkriterien nach amerikanischer Definition bemühen:

immediacy	—	Unmittelbarkeit,
drama	—	Spannung und Aktion,
conflict	—	Auseinandersetzung, Gegensatz,
prominence	—	berühmte oder bekannte Person(en),
progress	—	Fortschritt, Erfindung,
sex	—	Liebe,
crime	—	Verbrechen,
superlative	—	Höhepunkt, Superlativ, Rekord,
consequences	—	Folgen für unser Leben,
proximity	—	Nähe, Beteiligtsein,
emotions	—	Gefühle,
oddity	—	Seltsamkeit, Kuriosität.

Von diesen zwölf Faktoren kommen eigentlich nur die beiden letzten für die Meldung in Betracht. Etwas Seltsames war gesehen worden. Das Abnorme, vom Üblichen Abweichende, das Ungewöhnliche erregt Neugier. Überdies wurde vermutet, es sei ein Ungeheuer, das sich in dem sehr tiefen See verberge. Das Unbekannte, das Unheimliche erzeugt Nervenkitzel. Mehr noch, die Vorstellung von monströser Größe verbindet sich mit der des dunklen, tiefen Gewässers und löst Beklemmung aus.

Vermutlich ruft das Ungeheuer von Loch Ness vielfach unbewußt Erinnerungen an uralte Mythen von Drachen und Seeschlangen wach. In der nordischen Sage wird die von den Menschen bewohnte Erde von der im Weltmeer lebenden Midgardschlange umschlungen. Auch in der Mythologie der Ägypter und der nordamerikanischen Indianer, in den Überlieferungen der Araber, Perser und Römer kommt das Meerschlangenmotiv vor. In der Bibel ist in Jesaja 27 vom „Drachen im Meere“ die Rede.

Erst seit etwa 150 Jahren weiß man, daß es im Erdmittelalter, 248 Millionen bis 65 Millionen Jahre vor unserer Zeit, wirklich Lebewesen gegeben hat, wie man sie sich in Horrorvisionen nicht schlimmer ausmalen könnte. Auf Versteinerungen von ihnen stieß man zunächst 1802 in Massachusetts/USA und 1810 in Dorset an der südenglischen Küste. Der Naturwissenschaftler Sir Richard Owen nannte diese vorzeitlichen Tiere 1841 Dinosaurier, was Schreckensechsen bedeutet. Wie zahlreiche Funde vor allem im 20. Jahrhundert zeigen, war die Namensgebung berechtigt. Für 150 Millionen Jahre beherrschten gewaltige Saurier die Erde. Die Sauropoden (Elefantenfüßer) wurden über 30 Meter lang, 18 Meter hoch und wogen bis zu 100 Tonnen. Der Tyrannosaurus rex, ein Raubsaurier, hatte bei zwölf Meter Länge und sechs Meter Höhe einen 1,20 Meter langen Kopf. Sein Maul war mit 15 cm langen messerartigen Zähnen bestückt.

Zu den Meeressauriern gehörten die Plesiosaurier, die Ähnlichkeit mit einer Seeschlange hatten. In der Kreidezeit wurden sie immer größer und erreichten schließlich 13 Meter Länge. Der schlanke Hals war sieben Meter lang. Durch die Lüfte segelten Flugsaurier mit Flügelspannweiten zwischen zehn und 15 Metern. Bis heute sind nicht weniger als 300 Sauriergattungen durch Ausgrabungen von Fossilien auf allen Kontinenten entdeckt worden.[38]

Unter Berücksichtigung dieses Hintergrundes und der Tatsache, daß bis in unsere Zeit Beobachtungen von seeschlangenähnlichen Meeresungeheuern gemeldet worden sind, verfügt der Loch-Ness-Stoff über einen beachtlichen Gruseleffekt. Für das Anklingen von Furcht und Schrecken war sicherlich die frühe Verwendung des Begriffs Monster entscheidend. Damit war das Etwas im See mit einem Ausdruck

charakterisiert, der aufhorchen ließ und zugleich ins Unterbewußtsein spielte.
Nachdem 1933 die britische und danach die internationale Presse auf das Thema Loch-Ness-Ungeheuer aufmerksam geworden waren, wollten die Redakteure und ihre Leserschaft schon gern wissen, ob sich in dem schottischen See mehr tat. So konnte für weitere Meldungen über eigenartige Erscheinungen von vornherein mit einer gewissen Aufmerksamkeit gerechnet werden. Und in den folgenden Jahren fehlte es nicht an immer neuen Augenzeugen, die mehr oder minder genau beschrieben, was sie Außergewöhnliches im Loch bemerkt hatten.
Mit Vorliebe druckten die Zeitungen in vielen Ländern Monster-Meldungen im Hochsommer, wenn die Schulen und die Politiker Ferien machten. Da dann auch in anderen Bereichen die Leute in Urlaub gingen, herrschte eine ausgesprochene Nachrichtenflaute, und in dieser Saure-Gurken-Zeit griffen die Journalisten gern Aktualitäten auf, die eher unterhaltend als informierend waren. Mit schöner Regelmäßigkeit pflegte also das Monster von Loch Ness in den Spalten der Gazetten aufzutauchen, wenn sich die Hundstage näherten.
Kaum eine Nachrichtenagentur oder eine Zeitung hielt es unter ihrer Würde, sich mit den Vorgängen im Loch Ness zu beschäftigen. Große Agenturen wie UPI (United Press International), AFP (Agence France Presse) und AP (Associated Press) verbreiteten Neuigkeiten über das Monster, selbstverständlich auch dpa, die Deutsche Presseagentur, in deren Archiv in Hamburg eine dicke Mappe mit Material über „Nessie" aufbewahrt wird. Renommierte Blätter in aller Welt informierten ihre Leser über das Ungeheuer, etwa die „Times" in Großbritannien, die „New York Herald

Abbildung 14: Schlagzeilen und kein Ende – seit Jahrzehnten tummelt sich „Nessie“ in den Spalten der Zeitungen in aller Welt.

Tribune“ in den USA, die „Neue Zürcher Zeitung“ in der Schweiz, „Svenska Dagbladet“ in Schweden und die „Frankfurter Allgemeine Zeitung“ in der Bundesrepublik, um nur einige zu nennen. Auch Film, Rundfunk und Fernsehen nahmen sich des geheimnisvollen Wesens an, aber sein eigentliches Zuhause hatte es in den Spalten der Presse.

Im Laufe der Jahre steigerte sich der Bekanntheitsgrad des Monsters. Das Leserpublikum wartete schon darauf, wann das Ungeheuer wieder Schlagzeilen machen würde. Auf diese Weise gehörte das Loch-Ness-Tier nunmehr selbst zur Prominenz und erfüllte damit ein wesentliches Nachrichtenkriterium. Das Monster war zum Prototyp der Buntmeldung geworden.

In dieser ersten Phase der Loch-Ness-Meldungen ging es vornehmlich darum, wo und wie das seltsame Wesen von welchen Personen gesehen worden war. Man wollte mehr Einzelheiten erfahren. Es inter-

essierte, in welchem Teil des Sees das Monster gesichtet worden war, wie lange es sich gezeigt hatte, mit Kopf und Buckeln, schnell oder langsam schwimmend, wer der oder die Augenzeugen gewesen waren.
Etwas zu plump wollte der italienische Journalist Francesco Gasperini[39] den Ruhm für sich einheimsen, der „Erfinder" des Loch-Ness-Monsters zu sein. 1959 behauptete Gasperini, er habe sich in seiner Zeit als England-Korrespondent in der meldungsarmen Sommerzeit die schottische Seeschlange ausgedacht. Zwar wurde diese Publizitätshascherei nicht ernst genommen, für manche Spötter bedeutete es aber Wasser auf die Mühlen und sie führten an, sogar im Korps der Presseleute befinde sich ein Kronzeuge dafür, daß „Nessie" nichts als eine Zeitungsente sei.
Wenig Eindruck machte übrigens auch eine Todesnachricht von „Nessie". Der Londoner Wissenschaftler Douglas Drysdale[40] verfocht im Juli 1970 die These, das Rätseltier sei ein Opfer der Wasserverunreinigung im Loch Ness geworden. Weil es immer geringere Mengen an Plankton im See gegeben habe, seien die Nahrungsrationen für „Nessie" immer kleiner geworden und schließlich sei sie wegen Hungers eingegangen. Diese Aussage wurde sofort als „blühender Unsinn" eines Theoretikers zurückgewiesen, sofort meldete sich auch ein Loch-Ness-Anwohner und beschwor, er habe das Monster soeben wieder gesichtet.
Eine zweite Phase in der Loch-Ness-Berichterstattung setzte etwa um 1960 ein. Die Wissenschaft war durch die Behauptung herausgefordert, in dem schottischen See lebe ein saurierähnliches Tier. Mit dubiosen Zufallsfotos gab man sich nicht mehr zufrieden. Man bediente sich modernster technischer Mittel, um das Rätsel zu lösen. Vom Lande aus mit Kamerawagen, aus der Luft mit Flugzeugen, Hubschraubern und Luft-

schiffen, im Loch selbst mit Unterwasserkameras, Sonargeräten und Klein-U-Booten, auf dem See mit Katamaranen, Forschungsplattformen und Motorbootsflottillen wurde das unidentifizierte Wasserobjekt gejagt. Und damit schob sich ein neues Nachrichtenkriterium in den Vordergrund: progress. Mit Hilfe des technischen Fortschritts sollte „Nessie" zur Strecke gebracht werden.
Die verbissene Jagd der Wissenschaftler und Techniker auf das geheimnisvolle Schwimmtier ist bisher vergeblich geblieben. Die einen glauben weiterhin, im Loch Ness lebe eine ungewöhnliche Kreatur, die anderen fühlen sich durch die erfolglosen Suchaktionen in der Ansicht bestätigt, dies sei Unsinn. Dem Streit könnte ein Ende gesetzt werden durch die eine Meldung: Das Monster ist gefangen! Ohne Zweifel hätte diese Neuigkeit einen sehr hohen Nachrichtenwert, manche würden sie als Sensation empfinden. Aber auf diese Meldung müssen wir wohl noch lange warten.
Ist „Nessie" also nur ein Phantom wie der Yeti, der angeblich im Himalaya existierende Schneemensch, und Bigfoot, das Waldwesen in Amerika? Mir scheint „Nessie" ist mehr. Das Monster, das schreckliche Ness-Tier, hat sich im Empfinden der Öffentlichkeit zum sympathischen Wasserjumbo gewandelt, was sich im Namen „Nessie" ausdrückt, Wie sagte doch eine japanische Journalistin, die ich bei der Operation Deepscan traf? „Nessie ist in Japan genauso bekannt und beliebt wie Father Christmas." Mit anderen Worten: „Nessie" ist inzwischen zur Legende geworden.

13. Zu Besuch im Monster-Museum

„Der Welt größtes Mysterium! Besucht die Loch-Ness-Monster-Ausstellung im Loch-Ness-Centre in Drumnadrochit!" Mit diesem Werbespruch werden die Touristen auf das Museum aufmerksam gemacht, das dem Ungeheuer gewidmet ist. Nun ist der Anspruch, es handle sich um das größte Rätsel unseres Planeten, wohl etwas unbescheiden, aber wer meint, in der Ausstellung werde mit allen Mitteln versucht, „Nessies" Existenz als unumstößliche Tatsache hinzustellen, wird angenehm enttäuscht. Die Schotten haben sich um Distanz bemüht und Material zusammengetragen, was für, aber auch gegen ein Monster spricht. „In der Ausstellung zeigen wir Ihnen die amüsante Seite der Geschichte, aber Sie sehen auch die wissenschaftlichen Untersuchungen ...", heißt es in einer kleinen Begleitschrift. „Falls Sie das Museum objektiv denkend verlassen, dann haben wir unser Ziel erreicht."

Das Dorf Drumnadrochit[41] zählt gut 500 Einwohner und liegt am Westufer des Loch Ness, wo der River Enrick in die Urquhart Bay mündet. Die A 82, die Hauptverbindung zwischen Inverness und Fort William, führt unmittelbar am Museum vorbei. Inverness ist 22,5 Kilometer, Fort William 77 Kilometer entfernt. Das Loch-Ness-Centre besteht aus einem herrenhausartigem Gebäude, in dem eine Heraldik-Schau und ein Café untergebracht sind, und dem „Drumnadrochit-Hotel", das nicht nur über ein „Rooftop Restaurant", sondern auch über die „Monster Hunters Bar" verfügt und mit seiner Stromlinienfassade futuristisch wirkt. Dazwischen, zurückgesetzt, findet man die „Loch Ness Monster Exhibition", die 1980 eröffnet und 1984/85 ausgebaut wurde.

Abbildung 15: Im Dorf Drumnadrochit, am Westufer des Loch Ness, können sich Neugierige in der „Loch Ness Monster Exhibition" gründlich über das Ungeheuer informieren – und auch Andenken kaufen.

Nach Passieren der Kasse kommt der Besucher in den ersten Ausstellungsraum, in dessen Mitte ein Modell des Loch Ness mit umgebenden Bergen steht. An den Wänden sind alle wichtigen Fotos aufgereiht, die im Laufe der Jahre vom Monster aufgenommen worden sind. Ob die Fotos von Wilson und MacNab, oder die Filme von Irving, Smith und Dinsdale, alles ist zu besichtigen. Auch die verschiedenen Hypothesen, was das Etwas im See sein könnte, werden vorgestellt. Die Erklärung, es sei wohl ein Otter, hält man jedoch für unwahrscheinlich. Diese Wasserraubtiere seien „wirklich bedeutend kleinere Wesen", so wird betont, und überdies habe der Museumsdirektor „noch nie einen Otter in dieser Gegend gesehen". Die Echolot-Aufzeichnung der „Rival III" wird eindeutig als Fälschung bezeichnet; 1981 sei bewiesen worden, daß ähnliche Spuren durch Lautgeber von den Uferseiten her zu produzieren seien. Dagegen müsse der Dinsdale-Film aus dem Jahre 1960, der einen Höcker mit Kielwasser und, zum

Vergleich, ein Boot festhält, den Skeptikern auf der ganzen Welt zu denken geben.

In einer Ecke des ersten Raumes ist ein Videogerät angebracht, in dem ein Fünf-Minuten-Film läuft. Zunächst berichten Augenzeugen über Begegnungen mit „Nessie". Es folgen Szenen vom Rekordversuch, den John Cobb 1952 auf dem Loch Ness unternahm. Es ist zu verfolgen, wie das Rennboot beim ersten Lauf über den See rast und wie es sich beim zweiten Lauf überschlägt. War das Monster an diesem Unglück beteiligt? Ausschnitte aus Filmen schließen sich an: Ein länglicher Gegenstand bewegt sich im Wasser, ein Objekt durchbricht die Wasseroberfläche, ein Nacken taucht aus dem See empor ...

In einer abgedunkelten Passage sind die Ergebnisse der großen Forschungsexpeditionen zu sehen, die vom Loch Ness Investigation Bureau und von der amerikanischen Akademie der angewandten Wissenschaften veranstaltet wurden. Auf großen Leuchtscheiben erscheint u.a. das „Flipper-Foto", das ein als Schwimmflosse gedeutetes Gebilde zeigt, ebenso das „Wasserspeier-Foto" mit einer Art Giraffenkopf.

In der Ausstellung sind außerdem Flora und Fauna des Loch Ness dokumentiert. Mehrere Jahre lang hatten Wissenschaftler intensiv das Loch Ness und auch das Loch Morar als „Lebensraum Tiefwasser" untersucht.

Durch einen Buch- und Andenkenladen, in dem ein Gemälde von einem mächtigen Plesiosaurier hängt und in einer Vitrine ein „Nessie"-Modell zu bewundern ist, gelangt der Besucher in einen Raum mit der „John Murray". Dieser zwölf Meter lange aufblasbare Spezialkatamaran wurde zu Sonaraktionen eingesetzt und hatte mehrfach Kontakt mit unbekannten großen Objekten. Jetzt ist die „John Murray", die auch als das

Abbildung 16: Ein neun Meter langes Modell von Nessie, gestaltet von Chris Dennis, schwimmt in einem Teich nahe dem Monster-Museum.

größte Schlauchboot der Welt bezeichnet wird, Teil der Ausstellung.

Dem Gast, der die Schau verläßt und noch keine klare Vorstellung von dem rätselhaften Wesen im Loch Ness hat, wird geholfen. In einem Teich neben dem Loch-Ness-Centre schwimmt das Ungeheuer in Lebensgröße! Der Rücken und die vier Flossen sind voll sichtbar und auf dem emporragenden Hals sitzt ein schlanker Kopf. Das Monster hat gelbe Augen und reißt das mit spitzen Zähnen besetzte Maul auf. Die Ähnlichkeit mit dem von William Owen gemalten Plesiosaurier im Andenkenladen ist unverkennbar. Das neun Meter lange Plastikungetüm im Teich wurde 1984 von Chris Dennis geschaffen. Mittlerweile ist es ein begehrtes Ziel der Fotografen.

14. Spott und Spaß ums Spukmonster

Bei den Spöttern, die alle Berichte vom Loch-Ness-Ungeheuer für Spukgeschichten und die Augenzeugen für Spinner hielten, ließen es einige nicht damit bewenden, die Theorien von einem unbekannten Wassertier entschieden zurückzuweisen, sondern sie versuchten auch, die Monsterfans lächerlich zu machen.

So wurde eine Suchexpedition, die 1934 nach dem Erscheinen der ersten Pressemeldungen von der „Daily Mail" ans Loch Ness geschickt wurde, kräftig gefoppt. Der Leiter der Aktion, der Großwildjäger Weatherall, entdeckte am Ufer Fußabdrücke eines großen Tieres. Aber die Spuren wurden später als die eines Flußpferdes identifiziert. Ein Anwohner hatte mit einem präparierten Flußpferdfuß, der als Schirmständer diente, die falsche Fährte gelegt. Ein derber Schabernack!

In jenem Jahr war man auch von Zirkus und Zoo hinter dem Monster her, um es zur Schau zu stellen. Der Zirkusbesitzer Bertram Mills bot 20.000 britische Pfund für das Einfangen des Loch-Ness-Wesens. Der New Yorker Zoo setzte eine Prämie von 5000 Pfund aus.

Viel später, 1971, versprach eine schottische Whiskyfirma[42] demjenigen, der das Wesen einfangen würde, eine Belohnung von umgerechnet neun Millionen Mark. Das allerdings war Wasser auf die Mühlen der Skeptiker, denen es bei der sprichwörtlichen Sparsamkeit der Schotten als völlig unwahrscheinlich erschien, daß jene das Risiko eingehen würden, eine solche Summe zu verlieren. Nein, da mußte die Aussichtslosigkeit aller Fangversuche schon völlig klar sein.

Gleichwohl bemühte man sich mit den ungewöhnlichsten Methoden, das Monster dingfest zu machen. So wurden Sexualhormone im See ausgebracht, um das scheue Wassertier an die Oberfläche zu locken.
Amerikaner wollten es 1970 mit Liebesessenzen von Aalen, Seelöwen und Walrossen fangen. Auch an Köder wurde gedacht. So sollten Aale und Hechte in Hummerkörben an den Stellen ausgelegt werden, wo „Nessie" schon mehrfach beobachtet worden war. Ein deutscher Industrieller ließ zehn Tonnen Brotkrumen auf dem See ausstreuen, doch das Ungeheuer hatte offensichtlich keinen Appetit darauf und erschien nicht.
Im Herbst 1973 reiste eine Gruppe von Japanern[43] an, um es mit Betäubungsgeschossen zu überlisten und dann auf einer Welttournee zu vermarkten. 1977 glaubten sechs Männer, „Nessie" könne ihnen nicht widerstehen, wenn sie ihre telepathischen Kräfte wirken ließen. Doch der Wasserjumbo erwies sich dagegen als immun. Den Schotten war das alles nicht geheuer, und sie stellten ihre See-Attraktion kurzerhand unter Naturschutz.
Eine besondere Art von Spezialisten zauberte das Monster mit anderen Mitteln herbei: die Trickfilmfotografen. Sie produzierten eindrucksvolle Bilder von einem Saurierabkömmling, dessen Vorderteil aus dem Wasser ragt. Dieses Motiv war selbstverständlich in eine Loch-Ness-Szenerie hineinkomponiert. Der Amerikaner Alfred Gescheidt präsentierte beispielsweise eine Serie derartiger Studien. Selbst geduldigste Beobachter des Sees hätten noch niemals so lebendige und dramatische Bilder vom Monster gesehen, lobte er vollmundig seine Kompositionen.
Doch „Nessie" nahm auch reale Gestalt an. Für den Film „The private Life of Sherlock Holmes", der 1970

Abbildung 17: Der amerikanische Fotograf Alfred Gescheidt legte Aufnahmen wie diese vor: „Nessie" zeigt sich nahe dem farnbestandenen Ufer des Loch Ness. Bedauerlicherweise handelte es sich um lauter Montagen.

anlief, wurde beispielsweise ein Monster-Double mit erheblichem Kostenaufwand gebaut. Die Attrappe bestand aus Draht, Stroh und Kunststoff, war auf einem Stahlrahmen befestigt und wurde für die Filmaufnahmen ins Loch Ness bugsiert. Während der Dreharbeiten jedoch sank das Monster-Double vor Urquhart Castle und wurde aufgegeben. Bei dem Film ging es um Tests mit U-Booten, die als Monster verkleidet wurden — eine komplizierte Geschichte. Als im Dezember 1975 vom Team der Akademie für angewandte Wissenschaften, zusammen mit anderen, eine Unterwasseraufnahme vorgelegt wurde, die ein Gebilde wie einen Kopf mit Höckern zeigte, entsann man sich der Nessie-Attrappe. Die Amerikaner hätten das Film-Wrack vor die Linsen bekommen, schmunzelten die Schotten. Das „Schnorchel-Foto“ verlor damit an Faszination.

Abgesehen davon, daß seit 1984 ein großes Plastikmodell von „Nessie“ in einem Teich beim Monster-Museum in Drumnadrochit schwimmt, tauchte 1985 das Ungeheuer in der Hamburger Binnenalster[44] auf. Dort zog es ferngesteuert seine Runden — zur Deutschlandpremiere des Spielfilms „Nessie — das verrückteste Monster der Welt“. Ein Jahr später bewegte sich die Seeschlange abermals durch das Loch Ness,

Abbildung 18: In der Hamburger Binnenalster tauchte das schottische Ungetüm im November 1985 zur Deutschland-Premiere des Films „Nessie — das verrückteste Monster der Welt“ auf.

ohne gleich wieder zu verschwinden. Es war eine Attrappe, mit der Greenpeace[45] auf die Umweltproblematik aufmerksam machen wollte. Und 1988 erschien der Riesenwurm in der Havel[46] in Berlin aus Anlaß der Veranstaltung „British Tattoo".

Im übrigen ist „Nessie" als Arbeitgeberin nicht zu unterschätzen. Einmal beschäftigt sie die Karikaturisten, die immer neue Scherzpostkarten entwerfen, etwa das Motiv mit dem Angler, der unbekümmert im Boot sitzt und die Ruhe und den Frieden am Loch genießt, hinter dessen Rücken aber das gigantische Wassertier hochkommt. Zum anderen die Souvenirhersteller, die Gläser, Teller, Hemden und vieles mehr mit dem Nessie-Konterfei versehen.

Als Blickfang ist das mysteriöse Geschöpf in der Werbung Großbritanniens und vor allem Schottlands natürlich sehr beliebt. In den Touristik-Broschüren wird ohnehin nie vergessen, auf den eventuellen Nervenkitzel am Loch Ness hinzuweisen. Auch die internationale Werbebranche schätzt das Monstrum. Eine deutsche Bankengruppe beispielsweise plazierte es so in eine Anzeige, daß es jedem ins Auge sprang.[47]

Sogar das britische Unterhaus in London hat sich mehrfach mit dem Loch-Ness-Monster beschäftigt. Im Mai 1958 wies der Labourabgeordnete Hughes darauf hin, daß in der Nähe vom Loch Ness eine Klaue mit Schwimmhäuten gefunden worden sei. Der Abgeordnete beantragte, die Regierung solle sich an der wissenschaftlichen Auswertung des Fundes beteiligen. Doch der zuständige Fischereiminister MacLay konnte sich dafür nicht erwärmen. 1981 regte ein konservativer Abgeordneter an, man solle das Ungeheuer verstaatlichen.

Abbildung 19: Als Blickfang einer Anzeigenserie wurde „Nessie" vom Verband Deutscher Hypothekenbanken benutzt.

Zu einer lustigen Geschichte für Kinder hat der Amerikaner Steven Kellogg das Loch-Ness-Thema verarbeitet. Alles beginnt damit, daß der kleine Ulli für seine Naturkundesammlung von seinem Onkel MacAllister aus Schottland ein Glas mit einer Kaulquappe geschenkt bekommt. Die Kaulquappe namens Malwine entwickelt erstaunlichen Appetit auf Käsebrötchen und wächst von Tag zu Tag. Es dauert nicht lange, und sie ist schon viel größer als ein Frosch. Sie muß erst ins Spülbecken und dann in die Badewanne gesetzt werden. Nach einigen Wochen ist Malwine schon zu groß für die Wohnung und Ulli bringt sie in ein Schwimmbecken, wo sich der vermeintliche Frosch zum riesigen Monster auswächst, das aber ganz zahm und lieb bleibt. Am Ende erfährt man, daß Onkel MacAllister die Kaulquappe aus, ja woher wohl, aus dem Loch Ness selbstredend gefischt hat.

15. Verwandte von „Nessie" in aller Welt

Ein so berühmtes Wesen wie „Nessie" hat selbstverständlich Verwandte. In der unmittelbaren Nachbarschaft, in einigen Seen in Schottland, existieren ebenfalls Wasser-Ungeheuer, wie es seit Generationen unter der Einwohnerschaft erzählt wird. Vor allem im Loch Morar und im Loch Shield will man Wasserungeheuer von der Art des Loch-Ness-Monsters beobachtet haben.

Doch damit nicht genug. Ein weiterer naher Süßwasser-Verwandter „Nessies" lebt offenbar im Storsjö[48] in Schweden. Schon seit 1635 ist davon die Rede, daß in diesem bis zu 292 Meter tiefen und 447 Quadratkilometer großen See in der Provinz Jämtland ein geheimnisvolles Tier herumschwimme. Mehr als 400 Mal soll es bereits gesichtet worden sein; die Beschreibungen der Größe bewegen sich zwischen drei Meter und „sehr groß". Noch in jüngster Zeit wurde gemeldet, das Storsjö-Monster sei aufgetaucht.

Im benachbarten Norwegen tummelt sich seit langem, manchmal im Frühjahr, manchmal im Herbst, im Seljordvatnet[49] ein seeschlangenähnliches Wesen. In den norwegischen Zeitungen ist immer wieder darüber zu lesen. Der langgestreckte und 116 Meter tiefe See in Telemark, südwestlich von Notodden, wurde auch abgesucht, aber ohne Erfolg.

Noch weiter im Norden, auf Island[50], wollen zwei Jäger im Dezember 1984 im Kleifarvatn, einem See im Süden der Insel, zwei Monster mit pferdeähnlichen Köpfen erblickt haben. Sie seien aus dem Wasser gekommen, hätten sich am Ufer getummelt und seien wieder im See verschwunden. schilderten die Jäger ihre Begegnung. Hinweise auf diese Seetiere, so heißt es, gebe es schon seit über 100 Jahren.

Nordamerika kann gleich mit mehreren „Lake-Monstern“ aufwarten. Im Lake Manitoba, einem See in der Prärie, ist das Ungeheuer „Manipogo“ bezeugt. Für Schlagzeilen hat die bösartige „Killer-Schlange“ von Saddle Lake[51] im kanadischen Alberta gesorgt: Sie soll 70 Meter lang, etwa 30 Tonnen schwer und lang behaart sein. Der riesige, an ein Pferd erinnernde Kopf sei mit einem langen Horn versehen. Um 1890 habe sich die „Killer-Schlange“ ein dreijähriges Mädchen geschnappt und sei damit ins Wasser geeilt.
Am berühmtesten jedoch ist das Lake-Monster „Champ“ oder „Champy“, dessen Heimat der 109 Meilen lange und bis zu elf Meilen breite Lake Champlain[52] an der Grenze der US-Staaten New York und Vermont ist. Der erste Bericht über das Ungeheuer in dem bis zu 400 Fuß tiefen See stammt von Samuel de Champlain aus dem Jahr 1609. Er will ein seeschlangenähnliches Wesen, etwa 20 Fuß lang, mit einem pferdeähnlichen Kopf gesehen haben. Nach einer Schilderung von Captain Crum vom Juli 1819 war das Untier 187 Fuß lang und besaß einen flachen schwarzen Kopf, den es 15 Fuß hoch über die Wasseroberfläche hob, so war im „Plattsburgh Republican“ zu lesen. Seit 1860 nahmen die Sichtungen zu, und mittlerweile dürften es mehr als 200 sein. Auch Fotos von „Champ“ wurden gemacht, allerdings ohne wissenschaftliche Beweiskraft. Man zog sie zu Berechnungen heran und kam zu dem Ergebnis, das Wassertier müsse zwischen fünf und 17 Meter lang sein.
Ähnlich wie in Schottland die Forschungsgruppe zum Nachweis von Nessie wurde in den USA die Lake Champlain Phenomena Investigation mit Sitz in Wilton (New York) gegründet, die 1980 erstmals eine Expedition zur Champ-Suche unterstützte. Mit großem Eifer hat auch Joseph W. Zarzynski seit Mitte der 70er Jahre

das „Phänomen" von Lake Champlain untersucht und alle greifbaren Sichtungsberichte gesammelt und ausgewertet. Er machte auf Übereinstimmungen von Lake Champlain und Loch Ness, ebenso von „Champ" und „Nessie" aufmerksam, die er in einem Buch ausführlich darlegte. (Siehe auch: Bücher über „Nessie".)
In Südamerika ist angeblich der Nahuel-Huapi-See[53] am Fuß der patagonischen Kordilleren nahe dem argentinischen Wintersportort Bariloche von einer gigantischen Seeschlange bewohnt. Sie soll Flossen und Höcker haben, zwischen fünf und 50 Meter lang sein und nur im Sommer bei Windstille an die Oberfläche des 530 Quadratkilometer großen und bis zu 400 Meter tiefen Sees kommen. Die Bewohner jener Region nennen das Untier „Nahuelito", das Anfang März 1989 mehrfach beobachtet wurde. Die Zeitungen berichteten ausführlich über dieses Ereignis.
Unter den indianischen Ureinwohnern Patagoniens geht schon seit Jahrhunderten die Sage von einem geheimnisvollen Lebewesen um, das weder Kopf noch Beine noch einen Schwanz habe. Wissenschaftler, die sich mit dem Phänomen befaßten, bestreiten jedoch die Existenz eines Monsters im Nahuel-Huapi-See, vielmehr müsse man aus physikalischen Gründen auf optische Täuschungen schließen.
Eine gigantische Schlange soll nach Erzählungen unter ostafrikanischen Stämmen im Lake Chala[54] südöstlich vom Kilimandscharo auf einem wuchtigen Rumpf sitzen. Der Autor P. Werner Lange wollte 1975 mit dem Ungeheuer Bekanntschaft schließen, reiste an den Kratersee, entdeckte in dessen trüben Wassern aber nur ein langgestrecktes, bleiches Gebilde, das sich als entrindeter Baumstamm entpuppte.
Auch in der Sowjetunion will man in schwer zugänglichen Seen in Sibirien Wasserungeheuer gesehen

Abbildung 20: In vielen Seen der Erde gibt es Verwandte von „Nessie": im Loch Shield und Loch Morar (1) in Schottland, im Storsjö (2) in Schweden, im Seljordvatnet (3) in Norwegen, im Kleifarvatn (4) auf Island, im Lake Manitoba (5) und im Saddle Lake (6) in Kanada, im Lake Champlain (7) in den USA, im Nahuel-Huapi-See (8) in Argentinien, im Lake Chala (9) in Kenia/Tansania, in abseitsgelegenen Seen Sibiriens (10) in der UdSSR, im Himmlischen See (11) und im Karnaci-See (12) in China.

haben, und zwar als Paar. Genauere Angaben liegen darüber jedoch nicht vor.[55]

Schließlich ist China zu erwähnen. Nach Presseberichten machten mehrere Augenzeugen, darunter der 65jährige Lei Jia, im August 1980 im „Himmlischen See", 2200 Meter hoch im Zhang-Bai-Gebirge[56] nahe der koreanischen Grenze, ein Ungeheuer aus. Das Tier schwimme sehr schnell und sein schwarzer Rücken sei mindestens fünf Meter lang, hieß es. Drei Chinesen seien von der Erscheinung nur 30 Meter entfernt gewesen. Überdies lief im Herbst 1988 eine Meldung bei der Nachrichtenagentur Xinhua/Neues China, im Karnaci-See[57] in den Altai-Bergen solle es ein zehn Meter langes fischartiges Wesen geben. Bauern der Umgebung machten es für das Verschwinden von Vieh verantwortlich. Chinesische Wissenschaftler hätten vergeblich nach dem Monster gesucht.

Einige Worte Schottisch

Viele Begriffe im Schottischen gehen auf das Gälische zurück. Hier eine Kostprobe:

Alba	— Schottland
Ben	— hoher Berg
Cairn	— Steinhaufen
Cend Mile Failte	— 100 000 Mal willkommen
Clachan	— Dorf
Clan	— Sippe, Stamm
Cock-a-Leckie	— dicke Suppe aus Lauch, Hühnerfleisch und Dörrpflaumen
Firth	— Förde, Fjord
Glen	— tiefes Tal
Haggis	— Ragout aus Herz, Lunge und Leber eines Schafes
Hotch potch	— Eintopf aus Hammelfleisch und Gemüse
Inver	— Mündung
Innis	— Insel
Keedgeree	— Auflauf aus Eiern, Reis und Räucherfisch
Loch	— See
Lochan	— kleiner See
Mac	— bedeutet: Sohn von
Muir	— Meer
Ness	— Kap
Partan Bree	— dicke Fischsuppe und Krabben
Rumbledethumps	— Kohleintopf
Sassanach	— Nicht-Schotte
Scotch Broth	— Gemüsesuppe mit Graupen
Stovies	— Eintopf aus Kartoffeln, Zwiebeln und Butter
Tober	— Quelle

16. Nessieland ist Ferienland

Die Heimat „Nessies“, das Herz der Highlands, bietet alles, was Schottland so faszinierend macht. Die eigenwillige Landschaft nimmt einen gefangen: glitzernde Seen und zerklüftete Küsten, olivgrüne Bergrücken und lila Hochheiden, raunende Wälder und gischtende Wasserfälle, stille Moore und reißende Flüsse, verträumte Dörfer und lebendige Städte. Überall warten Zeugnisse einer bewegten Geschichte darauf, entdeckt zu werden: stumme Ruinen und blutgetränkte Schlachtfelder, sagenumwobene Burgen und traditionsreiche Schlösser.

Ob Wanderer oder Segler, Jäger oder Angler, Folkloreliebhaber oder Kulturbeflissener, jeder kann auf seine Kosten kommen. Gastfreundschaft wird in den Highlands groß geschrieben. Die Schotten zeichnen sich durch trockenen Humor und unaufdringliche Herzlichkeit aus, zwei sympathische Charaktereigenschaften. Der Tourist kann zwischen Gasthäusern, Pensionen und Hotels wählen. Vielfach entdeckt man auch an Privathäusern das Schild „Bed and Breakfast“.

Dies ist das Land des Kilts und des Dudelsacks. Stolz tragen die Männer ihre Röcke aus buntgemustertem Wollstoff. Die Tartarns wurden noch bis zum 19. Jahrhundert von den Hausfrauen für ihre Familien gewebt. Jeder Clan hatte seine Farben und Karos. Es soll mehr als 600 verschiedene Tartans geben. Wer sich in Schottland umschaut, wird das nicht bezweifeln. Zu den bekanntesten Mustern gehören der Royal Stewart mit buntem Dessin auf rotem Untergrund und der blau-gelb-schwarze Black Watch. Rot dominiert bei Cameron, MacDuff, Ross und MacNab, Grün bei Douglas, Kennedy, Urquhart und MacDonald, Blau

bei Home, Stirling und Galloway. Beim Kiltmaker kann man mehr in Erfahrung bringen.
Kein ausländischer Besucher, der Golf spielt, wird es versäumen, auf einem der herrlichen Plätze, etwa bei Nairn, bei Fort Augustus am River Oich, in Torvean am River Ness oder in Culcabock am Ostrand von Inverness, eine Partie zu machen. Golfenthusiasten fahren nach Newtonmore, wo dieser Sport erfunden worden sein soll. Erstmals schriftlich belegt ist Golf in Schottland übrigens 1457.
Eine „Lebenslinie“ der Highlands ist der tiefe Graben, der sich von Inverness bis Fort William quer durchs Land zieht. Er hat sich teilweise mit Wasser gefüllt und drei lange Lochs sind im Great Glen entstanden: Loch Ness, Loch Oich und Loch Lochy. Die alte piktische Königsstadt Inverness liegt am River Ness, der den Beauly Firth mit dem Loch Ness verbindet. An beherrschender Stelle des Westufers, nahe Drumnadrochit, ziehen die Ruinen von Urquhart Castle die Blicke auf sich. Im 14. Jahrhundert an der Stelle einer Befestigung aus rotem Sandstein erbaut, wurde die Burg 1692 während eines Aufstandes gesprengt, damit sie nicht den Jacobitern in die Hände fiel. Fort Augustus, am südlichen Ende des Loch Ness, ist heute keine Festung mehr. Auf dem Gelände des Forts wurde 1867 eine Benediktinerabtei gegründet — übrigens von Mönchen aus Regensburg, deren Kloster eine schottische Gründung war. Geschäftiges Treiben herrscht in der Stadt Fort William am südlichen Punkt des Great Glen, die von Großbritanniens höchstem Berg, dem Ben Nevis (1343 Meter), überragt wird.[58] Der wuchtige Gesteinsklotz wirkt unheimlich, wenn er von dunkelgrauen Wolken verhüllt ist und von den Gipfelflanken Schnee durchschimmert.

Abbildung 21: Die aus rotem Sandstein bestehenden Ruinen von Urquhart Castle ragen unmittelbar am Ufer des Loch Ness auf.

Als einer der schönsten Wasserwege Europas, vergleichbar dem Götakanal in Schweden, gilt der Caledonian Canal, der die Lochs im Great Glen verbindet und eine Fahrt von Inverness an der Ostküste nach Fort William an der Westküste oder umgekehrt ermöglicht.[59] Der Schotte Thomas Telford entwarf diese Wasserstraße, die 1822 nach 19jähriger Bauzeit fertiggestellt wurde. Die Handelsschiffahrt nutzte den Kanal am stärksten um 1880/90. Als aber immer größere Frachtschiffe entstanden, paßten diese nicht mehr in die Schleusen. (Übrigens wurde Telford auch zur Projektierung des Götakanals hinzugezogen, dessen Bau von 1810 bis 1838 dauerte.)
Heute verkehren Ausflugsschiffe, Yachten und Fischerboote auf dem Caledonian Canal, der seinen höchsten Pegel mit 32 Meter über dem Meeresspiegel im Loch

Oich aufweist. Von dort fließt das Wasser in beide Richtungen ab, so daß an mehreren Stellen des Kanals Schleusen zur Regulierung des Wasserstandes angelegt wurden, nämlich bei Dochgarroch am River Ness, in Fort Augustus, bei Cullochy am Loch Oich, bei Laggan und Gairlochy am Loch Lochy sowie in Banavie vor der Einmündung in das Loch Linnhe, einem Atlantikausläufer. Die Folge von acht Schleusen in Banavie heißt im Volksmund „Neptuns Treppenhaus".

Vom Loch Ness aus lohnt sich ein Abstecher in Richtung Ostküste, um die Herstellung des schottischen Nationalgetränks vor Ort kennenzulernen. Im Spey Valley und dessen Umgebung stößt man auf Whisky-Brennereien mit bekannten Namen, die teilweise mehr als 100 Jahre alt sind und Touristen zu Führungen einladen. Die goldgelbe Köstlichkeit wurde einst auf Gälisch wisge beatha genannt, was Lebenswasser bedeutet. Es bekommt den rauchigen Geschmack, indem gekeimte Gerste über Torffeuer gedarrt wird. Ursprünglich war der echte Scotch Whisky ein reiner Malz-Whisky. Als man ihn seit Beginn des 19. Jahrhunderts in wachsendem Maße exportierte, ging man dazu über, ihn mit weicherem Korn-Whisky aus dem Tiefland zu verschneiden, um ihm ein breiteres Publikum zu erschließen. Dieser Blend Scotch Whisky gewann schnell an Beliebtheit. Die Rezepte für die Mischungen werden streng geheim gehalten, der Anteil an Malt Whisky muß aber mindestens 20 Prozent ausmachen.

Allenthalben wird der Gast in den Highlands an Prince Charles Edward Stuart erinnert, der den bedeutendsten Jacobiteraufstand anführte. Unter „Bonnie Prince Charlie", wie ihn die Schotten noch heute liebevoll nennen, drang die von den Clans

Abbildung 22: Eine Fahrt mit Segelboot, Motoryacht oder Ausflugsdampfer über das 37 Kilometer lange Loch Ness ist ein Erlebnis.

gestellte Streitmacht weit nach England vor, bis Derby, doch alle Hoffnungen auf ein selbständiges Königreich Schottland mußten nach der Niederlage von Culloden Moore östlich von Inverness am 16. April 1746 aufgegeben werden. Das englische Heer, befehligt vom Herzog von Cumberland und gut bewaffnet mit Musketen, schlug die Jacobiter vernichtend. Die Schlacht dauerte nur 40 Minuten, dann lagen 1200 Schotten tot am Boden. Die Engländer verloren 31 Mann. Als ich an einem Herbsttag über das moorige Schlachtfeld schritt, auf dem schlichte Steine anzeigen, wo die Gefallenen begraben sind, wirkte das Schweigen drückend auf mich.

„Bonnie Prince Charlie“ flüchtete. Die Sieger fahndeten nach ihm und setzten 30.000 Pfund auf seinen Kopf aus. Seine Anhänger wurden grausam niedergemacht, ihre Wohnsitze häufig zerstört. Das hinderte die Schotten aber nicht, dem Stuart-Prinzen zu helfen, wo immer sie konnten. In Inverness, zu Füßen des Schlosses, steht das Monument für Flora MacDonald. Ihr war es zu verdanken, daß der Prinz seinen Häschern in Benbecula entkam. Ein anderes Denkmal bei Bun-Loyne westlich von Fort Augustus ist Roderick Mackenzie gewidmet, der sich als der Gesuchte ausgab und von englischen Soldaten getötet wurde. In Glenfinnan am nördlichen Ende des Loch Shiel wurde an dem Platz, wo Prince Charles Edward Stuart am 19. August 1745 das Zeichen zur Erhebung gab, eine mächtige Säule errichtet. Auf ihr steht die Figur eines Highlanders. Und am Loch Nan Uamh an der Westküste Schottlands ist die Stelle markiert, von der aus der Prinz am 20. September 1746 nach Frankreich absegelte.

Reizvoll für den Nessie-Liebhaber ist es, den Spuren von St. Columba zu folgen. Am Ufer des River Ness, wo der Heilige 565 die furchtbare Bestie vertrieb, kann der Reisende versuchen, die dramatische Begegnung nachzuempfinden. Fährt er mit dem Auto durchs Great Glen bis Fort William und von dort nach Süden an der Küste entlang, so trifft er auf Knapdale am Loch Killisport auf „St. Columbas Höhle".

In dieser Gegend soll der irische Mönch in Schottland angekommen sein. Die Höhle enthält ein Felssims mit einem Altar, über dem Kreuze in die Wand gemeißelt sind. Ein großes Becken mag für Taufen benutzt worden sein. Vor der Höhle, die seit der Mittleren Steinzeit behaust war, gibt es Überbleibsel von Häusern und von einer möglicherweise 700 Jahre alten Kapelle.[60]

Wer aber zum Ausgangspunkt der lebhaften Missionarstätigkeit von St. Columba vordringen will, der muß von Fort William aus die Insel Mull ansteuern und von Fionphort zur Insel Iona übersetzen. Zu den Sehenswürdigkeiten der „Heiligen Insel“ gehören die Kathedrale mit der Säule des Columba und die Grabstätte von 40 schottischen Königen. Im Jahre 563 war der irische Mönch dort mit zwölf Glaubensbrüdern gelandet und hatte ein Kloster errichtet. Schon kurze Zeit nach seinem Tod 579 verwüsteten Wikinger die Insel und plünderten das Benediktinerkloster. Die Überfälle dauerten bis ins 9. Jahrhundert an, die Mönche aber gaben Iona nicht auf. Lange war es das Zentrum des Christentums für Schottland. Bis zum 11. Jahrhundert wurden auf dem Friedhof von Relig Dran — der ältesten christlichen Begräbnisstätte im Norden der britischen Inseln — schottische Herrscher, aber auch einige irische und norwegische Könige begraben. Nach einer Instandsetzung des Klosters 1203 setzte wieder der Verfall ein. 1938 rief Dr. George MacLeod die Community Ioana ins Leben, die u. a. den Wiederaufbau des Klosters und der Kathedrale betrieb. Das älteste erhaltene Gebäude ist die etwa um 1080 errichtete Kapelle von St. Dran. Heute gehört Iona zu den historisch wichtigsten Stätten Schottlands und fehlt in keinem Rundreiseprogramm der großen Reiseveranstalter.

17. Bücher über das Monster

Angesichts der starken Beachtung, die Pressemeldungen über das Monster fanden, griffen frühzeitig Buchautoren zur Feder. Publikationen gab es vor allem in Großbritannien, einige auch in den USA. Darüber hinaus beschäftigten sich Fachzeitschriften mit dem Phänomen von Loch Ness. Was Deutschland anbelangt, so tauchte „Nessie" in den vergangenen Jahrzehnten zwar beständig in den Spalten der Zeitungen auf, einen Buchtitel sucht man jedoch vergebens. Höchstens in Werken, die sich allgemein mit Fabelwesen der Meere befassen, ist das Ungeheuer von Loch Ness erwähnt.

Viele der britischen Ersterscheinungen über das unidentifizierte Wasserobjekt sind bedauerlicherweise vergriffen. Das trifft u. a. für das Buch „The Loch Ness Monster and Others" von Lt. Commander Rupert Thomas Gould zu. Gould, lange bei der Royal Navy und später Mitarbeiter der Rundfunkanstalt BBC, hatte sich durch nautische Bücher einen Namen gemacht. 1930 schrieb er sein Werk „The Case for the Sea Serpent". Er war als Experte für seltsame Meerestiere unumstritten. Im November 1933 stellte er Nachforschungen wegen des Monsters am Loch Ness an. So befragte er 50 Augenzeugen und kam zu dem Schluß, das ihm beschriebene Wesen mit wuchtigem, langem Körper und schlangenartigem Hals habe Ähnlichkeit mit der Großen Seeschlange. Er selbst neigte zur Theorie vom überlebenden Plesiosaurier, schloß aber andere Lösungen nicht aus. Das Buch wurde nicht nur von einer Reihe seriöser Leute beachtet, sondern bewog auch abenteuerlustige Naturen und sensationslüsterne Journalisten, zum Loch Ness zu reisen und dem Monster nachzuspüren.

Mitte der 30er Jahre kam das Buch „The Great Orm of Loch Ness“ von F. W. Holiday heraus. Darin wird u. a. über die Sichtungen von Dr. McRae berichtet, ebenso über dessen Film vom Monster und über einen zweiten Film von einer ähnlichen Kreatur am Ufer vom Loch Duich. Das ist leider alles, was man darüber weiß, da sich Dr. McRae aus unbekannten Gründen nicht bereit fand, sein Material der Öffentlichkeit zu erschließen.

1957 legte Constance Whyte „More Than a Legend“ vor, das den Bemühungen, das Loch-Ness-Rätsel zu lösen, neuen Auftrieb gab. Constance Whyte, die Ehefrau des Direktors des Caledonian Ship Canal, wohnte in der Nähe von Inverness. Sie stellte jahrelang Recherchen an und sprach mit etlichen Leuten, die Auftritte des Ungeheuers beobachtet hatten.

Tim Dinsdale, seit 1960 unablässig „Nessie“ auf der Spur, schrieb aufgrund seiner reichen Erfahrungen und intensiven Quellenstudiums mehrere Bücher, so 1961 „Loch Ness Monster“, 1972 „Monster Hunt“ und 1973 „The Story of the Loch Ness Monster“.

Mit dem vorliegenden Material über das schottische Wasserungeheuer und den Theorien, um was für eine Tierart es sich handeln könnte, setzte sich Dr. Roy P. Mackal von der Universität Chicago 1976 unter dem Titel „The Monsters of Loch Ness“ auseinander. Der Amerikaner kam nach Vergleich der verschiedenen Beschreibungen zur Ansicht, eine Reihe von Ähnlichkeiten spreche dafür, daß das seltsame Wesen ein Abkömmling des ausgestorbenen Schlangenwals (Zeuglodon) sein könnte.

In neuerer Zeit waren weitere Veröffentlichungen zu verzeichnen. In dem Büchlein „Loch Ness and its Monster“ hat Father J. A. Carruth von der

Benediktinerabtei in Fort Augustus 1971 festgehalten, wie Einwohner den ungewöhnlichen Seebewohner geschildert haben, wobei er nicht umhin kam, ihnen eine gewisse Glaubwürdigkeit zu attestieren. Zu nennen sind ferner Nicholas Witchell mit „Loch Ness Story“ (1974) und „Loch Ness and the Monster“ (1975), William Owen mit „Scotland's Loch Ness Monsters“ sowie der Direktor des Loch-Ness-Museums, Anthony G. Armstrong, mit „The Mysterious Monsters of Loch Ness“ (1980) und „Loch Ness — The Monster“ (1985).
Auf zahlreiche Ähnlichkeiten zwischen „Champ“, dem Phänomen vom Lake Champlain, und Schottlands „Nessie“ weist Joseph W. Zarzynski in seinem 1984 präsentierten Buch „Champ — Beyond the Legend“ hin. In der Tat gleichen sich die beiden geheimnisvollen Wassertiere in Gestalt und Verhalten, wie sie beschrieben werden, aber auch was ihren Lebensraum angeht. „Champ“ ebenso wie „Nessie“ sind den Augenzeugen zufolge schnell schwimmende Wesen mit schlangenartigem Hals und Buckeln, die stets nur für kurze Zeit an die Wasseroberfläche kommen. Der Lake Champlain und das Loch Ness, beide einst Ausläufer des Atlantischen Ozeans, bergen große Fischvorkommen, die als Nahrungsquellen für „See-Jumbos“ ausreichen würden, sind sehr tief und bestehen aus Frischwasser. Zarzynski, der sich seit 1974 „Champ“ und den Lake-Monstern verschrieben hat, machte sich auch um die Koordinierung der Forschungsvorhaben für den Lake Champlain und für das Loch Ness verdient.
Die Bücher von Dinsdale und Zarzynski waren für den Autor sehr hilfreich. Sie ermöglichten es ihm, sich mit der Materie gründlich vertraut zu machen.

Zeittafel

565	Der Missionar St. Columba verscheucht am River Ness ein Wasser-Ungeheuer (schriftlich überliefert durch den Abt von Iona, Adamnan).
16. Jahrh.	Nach einer alten Chronik soll ein riesiges Tier aus dem Loch Ness gestiegen sein und drei Männer erschlagen haben.
Um 1640	Soldaten Cromwells erzählen, sie hätten im See „schwimmende Inseln" gesehen.
18. Jahrh.	Beim Bau von „General Wade's Military Road" beobachten Arbeiter seltsame Erscheinungen im See.
1872	Berichte werden über ein „Etwas" im Loch Ness bekannt, ebenso in den Jahren 1903 uns seit 1923.
2.5.1933	Im „Inverness Courier" erscheint ein Bericht, daß eine Mrs. MacKay im Loch Ness ein gewaltiges Wesen mit zwei Buckeln erblickt habe.
1933	Der Seeschlangen-Experte Lt. Commander Rupert Thomas Gould stellt im November Nachforschungen am Loch Ness wegen des Monsters an. Im Juni 1934 kommt sein Buch „The Loch Ness Monster and others" heraus.
April 1934	Die „Daily Mail" veröffentlicht ein Foto von dem Monster, das von Lt. Col. Robert K. Wilson stammt und als „Surgeon's photograph" bezeichnet wird.
1934	Der Versicherungskönig Sir Edward Mountain veranlaßt eine Suchaktion: 20 Beobachter halten vergeblich Ausschau nach dem Wasser-Ungetüm.

20.9.1952 John Cobb verunglückt tödlich, als er im Loch Ness mit seinem Düsenboot „Crusader" einen Geschwindigkeitsweltrekord aufstellen will. Gerüchte laufen um, das Monster sei beteiligt gewesen.

2.12.1954 Das Schiff „Rival III" hat Sonarkontakt im Loch Ness mit einem Objekt in 480 Fuß Tiefe.

1957 Constance Whyte, Frau des Direktors des Caledonian Ship Canal, veröffentlicht aufgrund ihrer Nachforschungen ein Buch über das Monster unter dem Titel „More Than a Legend" (Mehr als eine Legende).

1960 Eine Gruppe von Studenten der Universitäten Oxford und Cambridge forscht im Juli vier Wochen im Loch Ness nach dem unidentifizierten Wassertier.

1967 Das Loch Ness Phenomena Investigation Bureau (LNPIB) in London gegründet.

1962-72 Das Loch Ness Phenomena Investigation Bureau organisiert jährliche Forschungsexpeditionen, um „Nessie" aufzuspüren.

1969 Das Kleinst-U-Boot „Viperfish" sucht Teile des Loch Ness ab. Auch das Klein-U-Boot „PISCES II" unternimmt Tauchfahrten im See.

1970 Luftpatrouillen mit einem Ein-Mann-Hubschrauber über dem Loch Ness.

1970 Die Academy of Applied Sciences (USA) setzt hochentwickeltes Sonargerät und Unterwasserkameras ein, um „Nessie" zu filmen. Weitere Expeditionen in den folgenden Jahren.

1975 wird der für den 9. Dezember angesetzte „Nessie-Kongreß" in Edinburgh kurzfristig abgesagt.

1975 taufen Sir Peter Scott und Robert H. Rines Nessie im Dezember auf den Wissenschaftsnamen „Nessiteras rhombopteryx".

1980 Die offizielle Loch-Ness-Ausstellung wird in Drumnadrochit eröffnet.

1982 Beobachtungsfahrten mit dem Goodyear-Luftschiff „Europa" über dem Loch Ness.

1987 Die „Operation Deepscan", bisher größte Suchaktion nach dem Monster, läuft vom 9. bis 11. Oktober mit 25 Motorbooten im Loch Ness.

Quellen — Bibliographie

Tim Dinsdale: Loch Ness Monster, Routledge & Kegan Paul Ltd., London, first published 1961.

Tim Dinsdale: The Story of the Loch Ness Monster, a Target Book, Papberback Division of W. H. Allen & Co. Ltd., first published 1973.

Christoffel Froschower: Fischbuch, Zürich 1575, im Bestand des Stadtarchivs Schwäbisch Hall.

Anthony G. Harmsworth: Loch Ness — The Monster, by Official Loch Ness Monster Exhibition, Drumnadrochit, 1985.

Highland & Islands Development Boards: There's More to Loch Ness than meets the Eye, Prospekt, 1987.

Highlands & Islands Development Boards: Around and about Inverness, Loch Ness and Nairn, Informationsheft, 1987.

Joseph W. Zarzynski: Champ — Beyond the Legend, Bannister Publications, Port Henry, N. Y., 1984.

Joseph W. Zarzynski: Monster Wrecks of Loch Ness and Lake Champlain, M-Z Information, Wilton, N. Y., 1986.

Anmerkungen

[1] Das englische und französische ogre bedeutet Menschenfresser.
[2] Das „Fischbuch"-Exemplar in der Stadtbibliothek von Schwäbisch Hall ist gut erhalten und enthält eine Fülle an Abbildungen.
[3] Naturmagazin Kosmos, Heft Juli 1986, S. 38 ff, Arnd Rödiger: Schlangen mit Heckantrieb.
[4] Der Autor interviewte Stadtbibliothekar Dr. René Specht, Schaffhausen, am 8. Dezember 1988.
[5] Die Zeit vom 21.5.1971: Seit 1400 Jahren Jagd auf „Nessie".
[6] Besucherprospekt der Loch Ness Monster Exhibition, 1987.
[7] P. Werner Lange: Seeungeheuer — Fabeln und Fakten, Verlag Werner Dausien, Hanau, Copyright Edition Leipzig, Verlag für Kunst und Wissenschaft, 1979.
[8] Prospekt des British Waterways Board: Caledonian Canal — the highland waterway, 1985.
[9] Pforzheimer Zeitung vom 26. März 1983: Jubiläum am Loch Ness — „Nessie" wird 50 Jahre alt.
[10] Haller Tagblatt vom 20. August 1981: Wo ist „Nessie"? Neuigkeiten vom düsteren See in Schottland fehlen.
[11] Observer vom 3.6.1962: Observer backs Search for Loch Ness monster.
[12] P. Werner Lange: Seeungeheuer (siehe 7).
[13] Frankfurter Allgemeine Zeitung vom 21.5.1958: Das Fernsehen und die Seeschlange.
[14] dpa-Meldung vom 20.8.1962: Expedition glaubt an das Ungeheuer von Loch Ness.
[15] Handelsblatt vom 27.3.1962: Gegen das Ungeheuer von Loch Ness.
[16] dpa-Brief vom 15.6.1962: „Nessie" hat Saison.
[17] Times vom 21.12.1968: Evidence is against Ness monster.
[18] dpa-Brief vom 9.6.1969: „NESSIE", wo bist du — Jetzt beginnt die Suche mit dem U-Boot.
[19] Times vom 1.7.1969: Submarine monster hunt (von Richard Sharpe).
[20] Die Zeit vom 21.5.1971: Seit 1400 Jahren Jagd auf „Nessie".
[21] dpa-Bericht vom 24.11.1975: Und „Nessie" lebt doch (von Gerd Lüdemann).
[22] Die Welt vom 3.12.1975: Der „Nessie"-Kongreß in Edinburgh ging baden.
[23] dpa-Meldung vom 3.12.1975: Nur „Nessies" Leiche wird die Museums-Zoologen überzeugen.
[24] dpa-Meldung vom 10.12.1975: Geheimnisvolles Monstrum soll Nessiteras rhombopteryx heißen.
[25] International Herald Tribune vom 26.3.1979: Dolphins to search Loch Ness.
[26] Cannstatter Zeitung vom 11. September 1982: Mit Luftschiff auf „Nessie"-Jagd.
[27] Cannstatter Zeitung vom 14. August 1984: Riesenfalle für „Nessie".
[28] Briefe des Grafikers Dago Kleemann, Konstanz, vom 15. und 23. März 1989.
[29] Die Welt vom 4.9.1976: Schottische Monster im Torfsee (von Willy Lützenkirchen).
[30] Spiegel vom 26.6.1967: Loch Ness: Mächtige Buckel
[31] Dolomiten vom 11.5.1959: Das Rätsel von Loch Ness (von F. L. Vytrisal).
[32] Frankfurter Allgemeine Zeitung vom 21.11.1973: „Nessie" ein sehr großer Aal?
[33] Kieler Nachrichten vom 7. Mai 1988: Dinosaurier des Meeres, ebenso GEO, Heft 10, Oktober 1987: Im Reich der lebenden Fossilien.
[34] Svenska Dagbladet vom 17. Juli 1979: Sjöodjur optisk villa. / Badische Zeitung vom 4. August 1981: Seeungeheuern auf der Spur.
[35] Süddeutsche Zeitung vom 9.12.1975: „Nessie" ist ein Wikingerschiff.

36 Stuttgarter Nachrichten vom 6. August 1982: „Nessie“ nur ein Baumstamm?
37 Stuttgarter Zeitung vom 9. Oktober 1987: Kein Entkommen mehr für Nessie?
38 Peter Klepsch: Das große Buch der Saurier, Illustrationen von Thomas Thiemeyer, Ravensburger Buchverlag Otto Maier, 1989.
39 Spiegel vom 26. 6. 1967: Loch Ness: Mächtige Buckel.
40 dpa-Meldung vom 27. 7. 1970: Londoner Wissenschaftler: „Nessie“ ist tot.
41 Inverness, Loch Ness and Nairn Tourist Board: Drumnadrochit an Glen Urquhart, Prospekt.
42 P. Werner Lange: Seeungeheuer — Fakten und Fabeln, siehe 7.
43 Haller Tagblatt vom 20. August 1981: Wo ist Nessie? Neuigkeiten vom düsteren See in Schottland fehlen.
44 Stuttgarter Nachrichten vom 7. November 1985: „Nessie“ auf der Hamburger Binnenalster.
45 Cannstatter Zeitung vom 29. Juni 1986: „Nessie“ war eine Attrappe.
46 Cannstatter Zeitung vom 21. September 1988: „Nessie“ schwimmt durch die Berliner Havel.
47 Zeit-Magazin vom 17. Juli 1988: Anzeige „Keine Ente“ des Verbandes Deutscher Hypothekenbanken.
47a „Malwine in der Badewanne“, Verlag Friedrich Oetinger, Hamburg.
48 Stuttgarter Zeitung vom 22. März 1986: Schwedens „Nessie“ unter Schutz.
49 Gespräch mit Informations-Chef der Jahre-Line, Levar Sand, am 25. Mai 1989 in Oslo.
50 Cannstatter Zeitung vom 15. Dezember 1984: Gibt es Ungeheuer auf Island? Meldung aus Reykjavik.
51 Stuttgarter Zeitung vom 1. Dezember 1984: Anerkanntes Ungeheuer — Kanadische Jäger präsentieren eine uralte Killerschlange.
52 Cannstatter Zeitung vom 10. Juli 1981: „Nessies“ Bruder in USA — „Drache“ am Champlainsee beschäftigt die Touristen.
53 Fränkische Nachrichten vom 1. April 1989: „Nessies“ neuester Verwandter.
54 P. Werner Lange: Seeungeheuer — Fabeln und Fakten, siehe 7.
55 dpa-Meldung vom 15. Juni 1962: „Nessie“ hat Saison.
56 Dagens Nyheter vom 11. Oktober 1980: Odjur i sjö skakar kineser (Untier im See schockiert Chinesen). Bericht aus Peking.
57 Süddeutsche Zeitung vom 10. August 1988: Verwandte des Ungeheuers von Loch Ness in China?
58 Scottish Tourist Board: Scotland — Ausflugsziele und Sehenswürdigkeiten, Prospekt 1989.
59 Prospekt des British Waterways Board: Caledonian Canal, siehe 7.
60 Scottish Tourist Board: Scotland — 1001 Things to See, Broschüre, Nov. 1985.

Bildnachweis

Abb. 1: Kartengrafik Frithjof Kronsburg; Abb. 2 und 3: Fotos K.-E. Jipp; Abb. 4: Foto Daily Mail/pandis media gmbh, München; Abb. 5 und 6: Fotos dpa/EPA; Abb. 7: Foto K.-E. Jipp; Abb. 8 und 9: Phantombilder von Dago Kleemann, Konstanz; Abb. 10: Foto K.-E. Jipp; Abb. 11: Skizze von Ken Hunter, Muncy/USA; Abb. 12: dpa/EPA; Abb. 13: Foto K.-E. Jipp; Abb. 14: Montage Fr. Kronsburg; Abb. 15 und 16: Fotos K.-E, Jipp; Abb. 17 und 18: Fotos dpa/EPA; Abb. 19: Zeichnung Krakow Konzept GmbH, Düsseldorf; Abdruck mit freundlicher Genehmigung des Verbandes Deutscher Hypothekenbanken, Foto: K.-E. Jipp; Abb. 20: Kartengrafik Fr. Kronsburg; Abb. 21 und 22: Fotos K.-E. Jipp.

Wenn Sie nicht in der Nähe von „Nessie" golfen wollen, empfehlen wir Ihnen Liebenstein . . .